AF257261

Montluc (L.-A. de).

De la faillité.

F

DU MÊME AUTEUR

Des Assurances sur la vie *dans leur rapport avec les principes du droit civil, du droit commercial, et les lois de l'enregistrement, ouvrage couronné par la Faculté de Droit de Paris (1re médaille d'or, concours de doctorat de 1867).*

Se trouve à toutes les principales librairies juridiques.

N. B. — Le lecteur est prié de ne pas faire attention à la lacune existant dans la pagination entre les folios 32 et 49 : le texte se suit bien.

TYPOGRAPHIE ALCAN-LÉVY
RUE LAFAYETTE, 61, ET PASSAGE DES DEUX-SŒURS, PARIS.

DE

LA FAILLITE

DES NON-COMMERÇANTS

ÉTUDE DE DROIT COMPARÉ

PAR

L.-A. DE MONTLUC

Docteur en Droit

Licencié ès-lettres

Avocat à la Cour Impériale de Paris

EXTRAIT DE LA QUATRIÈME LIVRAISON

de la

REVUE DE DROIT INTERNATIONAL

& DE LÉGISLATION COMPARÉE

PREMIÈRE ANNÉE. — N° XXXIV

Prix : 2 francs

PARIS

DURAND & PEDONE-LAURIEL, Libraires-Éditeurs

9, Rue Cujas, 9

1870

DE

LA FAILLITE DES NON COMMERÇANTS

ÉTUDE DE DROIT COMPARÉ

PREMIÈRE PARTIE

S'il est vrai que les opérations du commerce, par cela même qu'elles présentent plus de chances de gain et qu'elles nécessitent un maniement de fonds plus considérable, conduisent bien plus fréquemment à la ruine que la gestion pure et simple d'une fortune patrimoniale, il ne manque pas d'exemples cependant de gens qui, sans appartenir à la vie des affaires, se trouvent à un moment donné dans l'impossibilité de faire face à toutes les obligations qu'ils ont contractées; surtout aujourd'hui que les richesses mobilières, si fragiles, si on les compare aux biens fonciers, ont pris un développement extraordinaire!

D'ailleurs, est-il toujours bien facile, dans ce nouvel état de choses, de démêler une opération de commerce d'un simple acte d'administration et de placement, et la spéculation ne vient-elle pas trop souvent prendre place au foyer domestique ?

Les insolvabilités n'étant donc guère moins communes chez les non commerçants que chez les commerçants eux-mêmes, une bonne loi doit régler avec un soin égal la situation des uns et des autres en pareil cas. Que l'on fasse une seule loi des faillites, s'appliquant à la fois à ceux qui sont commerçants et à ceux qui ne le sont pas, ou qu'on en fasse deux différentes, l'une pour les premiers et l'autre pour les seconds, peu importe. Ce qui est indispensable, c'est que la condition des non commerçants en cette matière ne soit pas plus négligée que celle des commerçants. Malheureusement le législateur français n'est pas à l'abri de tout reproche à cet égard ; si de l'examen du Code de commerce, où se trouve une loi claire, précise et bien ordonnée pour la faillite des commerçants, on passe aux dispositions éparses dans les lois civiles sur ce que le Code Napoléon appelle la déconfiture, c'est le désordre, le vague et l'obscurité au lieu de l'ordre, de la précision, de la clarté ; c'est quelque chose d'incertain qui flotte à la merci des interprétations contradictoires des cours et tribunaux de l'Empire, au lieu d'un système bien arrêté, formulé dans un texte décisif.

Les lois de la faillite ont ce double avantage de sauvegarder à la fois, dans une juste mesure, et autant qu'il est possible, les intérêts du failli et les intérêts de ses créanciers : elle protége les créanciers, soit contre le failli, soit contre ceux d'entre eux qui tenteraient de se faire une situation privilégiée en assurant entre tous une égale répartition de l'actif, sous certaines conditions et

sauf les cas de privilége légitime ; elle protége le failli
contre ses créanciers en lui donnant le droit, quand il en
est digne, d'imposer à une minorité récalcitrante les
avantages que veut bien lui consentir le plus grand
nombre de ses créanciers renonçant à user de leur droit
rigoureux. Rien de pareil dans la « déconfiture » du
Code Napoléon, comme va nous l'apprendre l'étude des
différentes questions que l'on peut examiner en cette
matière.

I

Voyons d'abord quelles lacunes présente le système
de la déconfiture, comparé à celui de la faillite, en se
plaçant au point de vue des créanciers.

Le législateur semble avoir pris, dans la déconfiture,
peu de souci de ce grand principe d'égalité qui forme,
au contraire, comme la pierre angulaire de la faillite ;
c'est ici que s'étale dans toute sa cynique indifférence la
maxime : « *Jus civile vigilantibus scriptum est,* » tra-
duction libre : « Tant mieux pour les premiers arrivés ! »
Celui qui se sera montré le plus empressé emportera la
plus belle part du butin, tandis que si un autre, soit par
négligence, soit par bonté, met moins d'acharnement à
la poursuite, il fera les frais de son désintéressement ou
de son insouciance ! Ce système est déplorable, dans ses
résultats, pour les créanciers, puisque, laissant de côté
la charité, qui n'a rien de commun avec le droit, il peut
leur causer même pécuniairement le plus grand préjudice, en portant à l'insolvable un dernier coup dont il ne
se relèvera peut-être jamais et sans lequel il aurait pu

parvenir à surmonter les dangers de la situation par l'ordre, l'économie et le travail. Il est surtout déplorable pour l'insolvable lui-même; car il doit peu disposer à la clémence les plus bienveillants des créanciers, ceux-ci sachant que ce n'est pas leur débiteur malheureux, mais bien les autres créanciers qui profiteraient de leur générosité, et qu'ils se ruineraient ainsi dans leurs propres intérêts sans servir en rien ceux de l'insolvable.

Si nous passons en revue toutes les précautions qui sont prises dans la faillite pour que l'égalité soit, dans la limite du possible, observée entre les différents créanciers d'un même débiteur, nous verrons qu'aucune ne se retrouve dans la déconfiture.

La faillite est une procédure d'ensemble à laquelle sont reliés tous ceux auxquels il est dû quelque chose; on ne procède à aucune distribution avant que tous les créanciers soient convoqués ou du moins avertis; il est vrai qu'il pourra y avoir des créanciers inconnus qui, par la force des choses, se trouveront exposés à ne pas figurer dans la répartition; mais d'abord ces créanciers inconnus pourront ne pas ignorer la faillite, et il sera même fort improbable qu'ils puissent l'ignorer, grâce à toutes les garanties de publicité dont la déclaration de faillite est entourée par la loi; si donc il est impossible de les appeler, il ne leur sera pas, du moins, impossible de se présenter d'eux-mêmes; puis il sera fort rare qu'il y ait des créanciers inconnus, attendu que le failli est tenu, sous une peine assez grave, de déposer un bilan détaillé contenant l'exposé de sa situation commerciale, c'est-à-dire l'énumération exacte de ses créances et de ses dettes; la sanction de cette obligation est formulée en ces termes par l'article 586 1° du Code de commerce :

« Si dans les trois jours de la cessation de ses paiements
« il n'a pas fait au greffe la déclaration exigée par les
« articles 438 et 439... » Dans ce cas, le failli pourra être
déclaré banqueroutier simple, c'est-à-dire se trouver
justiciable de la police correctionnelle. Et même alors,
si l'état des dettes actives et passives n'est pas remis par
le failli lui-même, ce n'est pas à dire qu'il ne soit pas
fait du tout : « Dans le cas, dit l'article 476, où le bilan
« n'aurait pas été déposé par le failli, les syndics le dres-
« seront immédiatement à l'aide des livres et papiers du
« failli et des renseignements qu'ils se procureront, et
« ils le déposeront au greffe du tribunal de commerce. »

Sans doute, il est possible à la rigueur que, malgré
tout cela, un ou plusieurs des créanciers restent inconnus ; mais le cas sera bien rare, et toujours est-il
qu'en ce qui concerne les créanciers connus ils sont tous,
avec le plus grand soin, appelés à venir faire valoir leurs
droits dans la faillite : « A partir du jugement déclaratif
« de la faillite, dit l'article 49, les créanciers pourront
« remettre au greffier leurs titres... ; » quant à ceux
qui ne l'auraient pas fait, ils « seront immédiatement
« avertis, par des insertions dans les journaux et par les
« lettres du greffier, qu'ils doivent se présenter en per-
« sonne ou par fondés de pouvoirs, dans le délai de
« vingt jours à partir desdites insertions, aux syndics
« de la faillite, et leur remettre leurs titres accompagnés
« d'un bordereau indicatif des sommes par eux récla-
« mées... » (Article 492.)

Les délais sont considérablement augmentés pour les
créanciers domiciliés à l'étranger ; et, dit l'article 567,
« il ne sera procédé à aucune répartition entre les créan-
« ciers domiciliés en France, qu'après la mise en réserve

« de la part correspondante aux créances pour lesquelles
« les créanciers domiciliés hors du territoire continen-
« tal de la France seront portés sur le bilan. »

On voit donc qu'en matière de faillite le législateur
veille d'une façon toute spéciale sur les intérêts de ceux
qui, pour une raison quelconque, ne peuvent ou ne veulent s'en occuper eux-mêmes ; comme il y a loin de là
à ce qui a lieu lorsqu'il s'agit d'un non commerçant! Ici,
en effet, la loi laisse chacun se tirer d'affaire comme il
l'entend ; celui qui veut poursuivre pourra le faire, saisir
les biens meubles ou immeubles, objets corporels ou
droits de créance, appartenant à son débiteur, s'en ap-
proprier exclusivement le prix ou le montant intégral, si
aucun autre ne vient concourir spontanément à ces poursuites ; celui, au contraire, qui reste inactif, ne pourra
s'en prendre qu'à sa propre générosité. En un mot, il n'y
a d'autre recours que la procédure ordinaire des saisies ;
or, dans cette procédure, ce ne sont que les saisissants
ou ceux qui viennent dans les délais légaux se rattacher
à la saisie qui prennent part à la distribution des
deniers.

Cette distribution peut se faire à l'amiable entre les
créanciers saisissants et le débiteur saisi ; c'est ce que
dit l'article 656 du Code de procédure civile : « Si les
« deniers arrêtés ou le prix des ventes ne suffisent pas
« pour payer les créanciers, le saisi et les créanciers
« seront tenus, dans le mois, de convenir de la distribu-
« tion par contribution. » Qui ne voit que, l'arrangement devant se faire dans le court délai d'un mois et
pouvant être fait tout de suite, la distribution amiable
pourra être complètement consommée entre ceux des
créanciers qui se sont montrés les plus empressés, tandis

que les autres, plus confiants, auront ignoré ce qui se passait ?

A défaut d'arrangement amiable, l'article 657 nous montre comment on procédera : « Faute par le saisi et « les créanciers de s'accorder dans ledit délai, l'officier « qui aura fait la vente sera tenu de consigner, dans la « huitaine suivante, et à la charge de toutes les opposi- « tions, le montant de la vente... » Ainsi, même au cas où il n'y a pas de distribution à l'amiable, il n'y a que ceux des créanciers qui ont pris l'initiative de la saisie et ceux qui sont venus s'y joindre par la voie de l'opposi- tion qui se partageront entre eux les deniers saisis ou provenant de la vente ; ou, du moins (article 659), il n'y a qu'eux qui seront sommés de produire leurs titres de créance ; la production, dit l'article 660, devra avoir lieu dans le mois de la sommation, à peine de for- clusion.

Quant aux créanciers non opposants, la loi ne s'en occupe pas ; interpréter ce silence en ce sens que, même avant la distribution des deniers, il est trop tard pour qu'ils se présentent, serait bien rigoureux ; aussi la ju- risprudence et la pratique n'ont-elles jamais hésité à admettre que les non opposants, comme les opposants, peuvent toujours, tant qu'ils se trouvent dans les délais légaux, produire spontanément leurs titres et récla- mer leur part dans la contribution ; on va même plus loin : on décide que non-seulement les non op- posants peuvent encore produire aussi longtemps que les délais de l'article 660 ne sont pas écoulés, mais que ces délais n'ont été établis, à peine de forclusion, qu'en ce qui concerne les créanciers opposants ; c'est là une in- terprétation des plus équitables, attendu qu'il n'y a pas, pour les non opposants, la même raison de leur imposer un délai fatal que pour les opposants ; ceux-ci ne peuvent s'excuser de leur retard à produire sur leur ignorance des poursuites qui sont engagées, puisqu'ils ont déjà pris part à ces poursuites ; s'ils diffèrent de produire, c'est pure négligence ; les autres, au contraire, sont jusqu'à présent restés étrangers aux poursuites, peut-être ne savent-ils pas encore qu'une saisie a eu lieu et a été suivie de vente. Néanmoins cette interprétation, toute favorable qu'elle est à des intérêts fort dignes d'être pris en considération, pourrait être et non sans raison contestée. Il peut être permis, dirait-on, d'aller au-devant de la pensée du législateur et de réparer dans la loi un oubli tout involontaire ; mais aller plus loin, ne pas se contenter d'étendre aux créanciers non opposants le droit qui n'a été expressément accordé qu'aux opposants, leur faire une condition meilleure qu'à ces derniers, n'est-ce pas dépasser les bornes de l'interprétation pour usurper les fonctions législatives ? Qu'on leur applique, si l'on veut, la disposition faite pour les créanciers opposants, mais qu'on la leur applique telle qu'elle est et sans y rien ajouter ni en rien retrancher ! Quoi qu'il en soit, que l'on soumette ou non les non opposants au délai de l'article 660, qu'on leur permette de produire dans le mois seulement à partir des som...tions, ou jusqu'au règlement provisoire de la contribution, dans un cas comme dans l'autre, on ne s'appuie sur aucun texte de la loi, on crée un système tout d'équité qui n'est rien moins que certain, quoiqu'il soit universellement admis : la jurisprudence et la pratique sont unanimes en ce sens ; mais elles restent libres ; un seul arrêt de la Cour suprême pourrait, à tort ou à raison renverser tout cet échafaudage. C'est là une situation précaire qu'un mot du Code ferait cesser.

Mais sans contester l'interprétation générale, dont la justice et l'utilité sont évidentes, et même en admettant tout ce qui a jamais été admis de plus favorable pour les créanciers qui n'ont pas pris part à la saisie, il reste toujours ceci d'extrêmement défectueux dans la loi, qu'ils ne seront avertis de ce qui a lieu ni par des sommations à eux faites, ni par des insertions spéciales dans les journaux.

En ce qui touche les insertions dans les journaux, on pourra objecter que, par le fait, elles ont eu lieu, puisque la vente qui a suivi la saisie et qui précède la distribution des deniers a dû être annoncée par différents moyens de publicité, notamment par des placards et des insertions dans les journaux. Cela est vrai, mais il est un genre de saisie, celle des créances, qui n'est accompagné d'aucune espèce de publicité, parce que là il n'est pas question de vente ; or, en matière d'insolvabilité, c'est précisément ce genre de saisie, la saisie-arrêt, qui joue le rôle le plus important ; car c'est celle devant laquelle un créancier reculera le moins, sachant qu'elle portera à son débiteur, et par suite à lui-même, un préjudice bien moins considérable que les saisies d'objets corporels, qui n'aboutissent la plupart du temps qu'à des ventes à vil prix.

Puis, en ce qui concerne les saisies, non plus de droits de créances, mais d'objets corporels, il est certain que, donnant lieu à des ventes, elles sont accompagnées de certaines conditions de publicité, mais il s'agit là d'une publicité toute différente de celle qui conviendrait pour avertir les créanciers : ce sont des placards ou des insertions dans les journaux, ayant pour but unique d'attirer les acheteurs aux enchères : aussi les placards sont-ils apposés au lieu même où se fera la vente et les insertions faites dans les journaux de la localité ; or, ce n'est pas du tout ce qu'il faut pour avertir les créanciers qui peuvent être au loin, et qui même y seront la plupart du temps ; car, autrement, il leur serait facile de se tenir au courant de la situation de leur débiteur sans le secours des annonces.

D'ailleurs, les formalités de publicité des ventes à l'enchère auront presque toujours peu d'intérêt pour les créanciers. En effet, ou bien il s'agira d'une vente de meubles, et l'on sait qu'alors toute la publicité exigée par la loi consiste en des affiches ou des insertions faites quatre jours à l'avance, ce qui sera illusoire dans le cas d'un créancier absent ; ou bien, au contraire, on se trouvera en présence d'une vente d'immeubles sur expropriation forcée : mais ici, si, d'une part, les conditions de publicité établies par la loi présentent pour l'absent plus de garanties que la mise aux enchères sera portée à sa connaissance, d'un autre côté, elles n'auront pour lui la plupart du temps que peu d'utilité ; car on sait qu'en matière de saisie immobilière la répartition des deniers se fait par voie d'ordre et non par contribution, à moins qu'on ne se trouve dans le cas fort exceptionnel où il n'existerait sur l'immeuble saisi ni privilége ni hypothèque.

Ainsi donc, voilà entre la faillite et la déconfiture un premier point de dissemblance. Dans la faillite, centralisation, en ce sens que tous les créanciers sont prévenus, non-seulement par des insertions dans les journaux, mais par lettres, qu'ils ont à prendre part aux opérations, et aussi en ce sens que, du jour de la déclaration de faillite, toutes les poursuites individuelles sont suspendues, à l'exception de ce qui a trait aux créanciers hypothécaires ou privilégiés qui, en cas de déconfiture comme en cas de faillite, sont considérés comme restant en dehors de la masse; dans la déconfiture, au contraire, chaque créancier, qu'il soit hypothécaire ou privilégié, ou qu'il soit simple chirographaire, exerce ses poursuites isolément; personne n'a le droit d'arrêter son action, mais aussi personne ne vient l'avertir qu'il ait à faire valoir ses droits, si, de lui-même, il n'est pas venu produire.

Un second point de dissemblance entre les deux institutions, toujours en ce qui concerne ce même principe d'égalité entre les créanciers, consiste en ce que, d'après le droit civil du Code Napoléon, il est parfaitement licite de faire à tel ou tel de ses créanciers une condition privilégiée par rapport aux autres, alors même que le débiteur se trouve notoirement et incontestablement au-dessous de ses affaires, tandis que le Code de commerce (articles 443 et 447) établit la nullité de tous actes tendant à favoriser tel des créanciers, après la cessation de paiement; pour certains actes même, il suffit qu'ils aient précédé de moins de dix jours l'époque de la cessation des paiements, pour qu'ils soient révoqués de plein droit.

Il est vrai qu'aux termes de la loi civile elle-même, d'après l'article 1167 du Code Napoléon, certains actes peuvent être annulés, lorsqu'ils ont été faits au préjudice des créanciers; mais nous allons voir combien la nullité édictée par cet article est différente de celles portées au titre de la faillite.

Les créanciers peuvent, nous dit l'article 1167, « attaquer les actes faits par leur débiteur en fraude de leurs droits. » Voilà l'action révocatoire du droit civil indiquée, plutôt qu'expliquée et réglementée par cette disposition du Code Napoléon. La loi ne nous donne pas d'autres détails sur les conditions et les effets de cette action, mais on est généralement d'accord pour en régler l'exercice sur l'action paulienne du droit romain et de l'ancienne jurisprudence française, dont elle n'est que la reproduction. Ainsi interprétée, voici les principales différences que présentera dans son application l'action révocatoire de l'article 1167, avec celle établie par le Code de commerce (articles 446, 447 et 448) : 1° L'action paulienne ne s'applique d'une manière absolue qu'aux actes qui ont pour résultat de dépouiller le débiteur sans qu'il reçoive rien en échange, c'est-à-dire aux libéralités. Quant aux actes à titre onéreux, comme une vente, un échange, un louage, ils ne pourront être révoqués en vertu de l'article 1167, qu'autant qu'il y a eu et chez le débiteur et chez le tiers avec lequel il aura contracté, sinon intention de porter préjudice aux créanciers du premier, au moins conscience que ce préjudice existera. C'est là une condition qui restreint singulièrement le champ d'application de la paulienne, en imposant aux créanciers l'obligation de prouver, ce qui pourra être fort difficile, que les deux parties contractantes connaissaient la situation ; d'autant plus que le débiteur pourra, en choisissant pour contracter une personne qui ignore absolument l'état de ses affaires, mettre par cette double fraude l'acte à l'abri de toute attaque.

Dans la faillite, au contraire, une fois le jugement déclaratif prononcé, tous actes sans distinction sont nuls ;

et, même avant ce jugement, certains actes à titre onéreux, bien qu'il n'y ait de la part des tiers contractants
aucune connaissance de la cessation de paiement, seront
rétroactivement annulés, s'il est prouvé que la cessation
de paiements remonte jusqu'à l'époque où le contrat a
eu lieu.

2° L'action paulienne suppose toujours, même dans
les actes de libéralité, qu'il y a eu chez le débiteur connaissance qu'il portait par là préjudice à ses créanciers.
Cette règle peut être critiquée ; on peut même soutenir
qu'elle n'est pas conforme à l'esprit du Code Napoléon et
qu'aucun texte de loi ne l'établit ; mais elle est incontestable si l'on veut régir l'action paulienne par les mêmes
principes qui la régissaient en droit romain. Au contraire, l'article 446 du Code de commerce, qui déclare
nuls et sans effets « tous actes translatifs de propriétés
mobilières ou immobilières, à titre gratuit, » n'exige pas
plus la connaissance du mauvais état des affaires chez le
débiteur lui-même qu'elle ne l'exige chez le tiers auquel
profite la libéralité.

3° Dans aucun cas l'action paulienne n'a pour résultat
de faire révoquer un acte antérieur, ne fût-ce que d'un
seul jour, à l'insolvabilité. L'article 446, au contraire,
annule certains actes, comme les libéralités et certains
paiements, alors même qu'ils ont été faits avant la cessation de paiements, pourvu qu'ils ne l'aient pas précédée
de plus de dix jours.

4° Jamais la paulienne ne s'attaque à un paiement
d'une chose due fait régulièrement et à l'échéance,
quelle que soit, du reste, la mauvaise foi du débiteur et
du créancier ainsi payé, quelles que soient les manœu-
vres par eux employées pour empêcher que l'éveil soit

donné aux autres créanciers ; si ceux-ci se sont endormis, tant pis pour eux ; ils n'avaient qu'à se faire payer eux-mêmes. D'après le Code de commerce, au contraire (art. 447), les paiements faits par le débiteur pour dettes même échues après la cessation de ses paiements « pourront être annulés si, de la part de ceux qui ont reçu du débiteur, ils ont eu lieu avec connaissance de la cessation de ses paiements. » Le Code Napoléon s'en tient à la vieille maxime : « *Sibi vigilaverunt, suum receperunt,* » ils n'ont fait que recevoir ce qui leur était dû ; ils ne pourront donc pas être recherchés en justice. Au contraire, le Code de commerce, qui prend les choses de plus haut, considère que, par le fait qu'un débiteur est dans l'impossibilité de désintéresser tous ses créanciers intégralement, chacun de ses créanciers cesse d'avoir droit à la totalité de sa créance ; il n'a plus droit qu'à un dividende ; donc, s'il reçoit paiement au pair, il reçoit plus qu'il ne lui est dû.

Il résulte de tout ce qui précède, qu'à la différence du cas de faillite où le débiteur ne pourra jamais, après la cessation de paiements, favoriser tels de ses créanciers au préjudice des autres, quand nous sommes en présence d'une simple déconfiture, l'insolvable peut, soit faire à certains créanciers un paiement anticipé de dettes non encore échues, soit les payer en autre chose qu'en ce qui est dû ou en espèces, soit enfin leur donner une sûreté, en leur conférant, par exemple, un droit d'hypothèque ou de gage : tout cela, au contraire, serait nul dans la faillite. Ainsi le débiteur non négociant, en pleine déconfiture, à la veille de verser le dernier argent qui lui reste entre les mains d'un créancier dont la créance va être exigible, peut à son gré détourner cet argent de la destination que son devoir d'honnête homme lui imposerait pour l'employer à payer tel autre de ses créanciers qu'il lui plairait, dont la créance ne viendra peut-être à échéance qu'après un long terme ; de même, sur le point d'être saisi sur les poursuites de ses créanciers, il pourra, faute d'argent, donner en paiement, à ceux d'entre eux qu'il lui plaira de favoriser, tels ou tels objets faisant partie de son patrimoine ; il pourra notamment leur faire transport-cession des créances qui lui appartiennent.

Il y a mieux : dans l'arbitraire et la contrariété des interprétations diverses auxquelles a donné naissance cette doctrine indécise et flottante du Code Napoléon en matière de déconfiture, si l'on s'arrête à certaines solutions présentées par des auteurs distingués, on arrivera à cette conséquence étrange, que certaines personnes, entre lesquelles l'insolvable lui-même n'a jamais songé à établir aucun ordre de préférence, ne seraient pas traitées par le législateur à l'égal les unes des autres.

C'est ainsi qu'il a été décidé que, si un transport-cession, consenti par le débiteur à un de ses créanciers, avait été à la fois précédé de saisies-arrêts de la part de certains créanciers et suivi d'autres saisies-arrêts, les saisissants antérieurs ne devaient pas avoir le même sort que les saisissants postérieurs ; c'est ainsi encore qu'on a soutenu que le bénéfice de l'action paulienne ne pouvait être invoqué que par les créanciers dont le titre est antérieur à l'acte qu'on veut révoquer, et non pas du tout par ceux qui n'ont contracté qu'après.

Voilà donc deux cas où les interprètes, appelés à appliquer la loi, croient y trouver des raisons de préférence entre des créanciers qui, d'après les dispositions de la faillite, seraient, au contraire, tous mis sur le même pied. Ces interprétations peuvent être contestées; mais elles se sont produites, et ce seul fait montre assez que la loi n'est pas suffisamment explicite. Sans aller aussi loin que les partisans de l'opinion que nous venons de rapporter sur ces deux questions controversées, on ne peut s'empêcher de constater que l'action paulienne est loin d'assurer, aux créanciers que le débiteur serait tenté de frauder, la même protection que les révocations édictées en matière de faillite.

Un troisième point de dissemblance entre la faillite et la déconfiture, c'est que la première est déclarée dans un jugement unique, qui s'adresse à tous et est vrai à l'égard de tous, tandis que la seconde peut être reconnue par un jugement à l'égard de tels créanciers et ne pas l'être à l'égard de tels autres ; d'où il résulte encore que le principe d'égalité est violé dans son application. Ainsi, par exemple, en cas de déconfiture, comme en cas de faillite, la société (art. 1865) et le mandat (art. 2003) prennent fin ; de même, dans un cas comme dans l'autre, l'article 1913 du Code Napoléon porte que « le capital de la rente constituée en perpétuel devient exigible, » et l'article 2032, que « la caution, même avant d'avoir payé, peut agir contre le débiteur pour être par lui indemnisée. » Eh bien, en pratique, il y aura cette différence entre les deux cas que, si l'on se trouve en présence d'une faillite, tous les intéressés qui voudront invoquer un de ces quatre articles, 1865, 1913, 2003 ou 2032, n'auront, pour faire valoir leur droit, qu'à représenter l'expédition du jugement du tribunal de commerce par lequel la faillite de leur adversaire aura été prononcée, cette faillite existera pour tous, ou elle n'existera pour aucun ; — tandis

que, s'il s'agit d'un insolvable non commerçant, il ne
sera pas rare de voir que de plusieurs personnes demandant, la première une dissolution de société, la seconde
une cessation de mandat, l'autre l'exigibilité du capital
d'une rente constituée, l'autre enfin réclamant une indemnité du débiteur qu'elle a cautionné, ou demandant
toutes une seule et même chose, les unes gagnent leur
procès, parce qu'il sera décidé dans l'affaire qu'il y a
déconfiture, les autres le perdent, parce qu'il sera décidé
à leur égard qu'il n'y a pas déconfiture ; et tout cela,
cependant, au sujet d'un seul et même individu ! Les
principes sur la chose jugée n'empêcheront même pas
qu'entre les deux mêmes parties, mais sur deux questions différentes, le demandeur se fondant, par exemple,
la première fois sur l'article 1913 et la seconde sur l'article 2032, on obtienne deux décisions opposées à une
même époque, l'une déclarant le débiteur en pleine
déconfiture et l'autre proclamant qu'il est parfaitement
au-dessus de ses affaires. Ce dernier exemple pousse les
choses à l'extrème ; il révèle une des anomalies les plus
bizarres du Code Napoléon. Les exemples précédents,
ceux où il s'agit de différentes personnes, invoquant
toutes un même fait, qui est reconnu vrai pour les unes
et proclamé faux pour les autres, sont plus graves encore,
parce que rien ne répugne autant à toute idée de justice,
que d'avoir deux poids et deux mesures pour des personnes également dignes d'intérêt ; pour une seule et
même personne, le résultat peut être plus absurde en
raison abstraite, il est moins à redouter en pratique, car
il s'établit alors une sorte de compensation entre le bien
et le mal jugé ! — Mais ces inconvénients que l'on
signale dans la déconfiture ne pourront-ils pas aussi se

présenter quelquefois dans la faillite? Dans le cas, en effet, où il n'y a pas eu de déclaration de faillite par jugement du tribunal de commerce, si cependant des intéressés viennent saisir la juridiction civile en se fondant sur un état réel de cessation de paiements et en demandant l'application d'un des articles cités tout à l'heure, le tribunal civil ne devra-t-il pas prononcer avant tout sur la question de savoir s'il y a faillite ou non, et dès lors la même contrariété de décisions que précédemment n'est-elle pas à craindre? On peut répondre sans hésiter, bien que le contraire ait été admis par des arrêts et par des auteurs, que le danger n'existe pas, par la raison que le tribunal civil n'a pas qualité pour connaître de la question de savoir si une faillite non déclarée existe ou non en réalité, et que, par conséquent, toutes les fois qu'une faillite n'a pas été déclarée par le tribunal de commerce, seul compétent, elle est réputée ne pas exister.

Un quatrième et dernier point sur lequel, à la vérité, il n'a jamais encore été admis, ni par la jurisprudence, ni par aucun auteur sérieux, qu'il y ait dissemblance entre la déconfiture et la faillite, mais sur lequel au moins il y a entre les deux institutions ceci de différent, que pour l'une la loi s'est expliquée formellement, tandis que, pour l'autre, elle a laissé la question à résoudre à l'arbitraire de l'interprétation, c'est en ce qui concerne la déchéance du bénéfice du terme.

L'article 1818 du Code Napoléon dit, en termes exprès, qu'en cas de faillite le débiteur perd le bénéfice du terme qui lui avait été accordé : à quoi se rattache cette disposition? Toujours à cette idée que la plus scrupuleuse égalité doit être observée entre des créanciers

parmi lesquels il n'y a pas lieu de reconnaître une cause
légitime de classement par ordre de préférence. Or, si,
le jour de l'échéance arrivé pour certains d'entre eux, on
leur donne la faculté de venir se faire payer intégralement et d'absorber ainsi la totalité ou la plus grande
partie de ce qui reste à l'actif de l'insolvable, sans permettre à ceux qui ont accordé un terme de se présenter
d'ores et déjà pour concourir avec les premiers, qui ne
voit qu'alors la partie ne sera plus égale? Qui ne voit
que ce serait créer une cause illégitime de préférence au
profit de ceux dont la créance est échue, en leur permettant de recevoir un paiement intégral, alors que leur
créance s'est trouvée réduite à un tant pour cent, par le
seul fait de l'impossibilité où se trouve être tombé le
débiteur de désintéresser intégralement la totalité de
ses créanciers ?

Cette règle que le seul fait de l'insolvabilité du débiteur réduit à un tant pour cent le droit de chacun des
créanciers au prorata du montant de leurs créances res-
pectives, si elle est juste pour la faillite, ne doit-elle pas
l'être moins pour la simple déconfiture, et voilà pourquoi
l'interprétation, unanimement donnée à l'article 1188,
a toujours étendu aux deux cas, par identité de motifs,
ce que le texte n'a pris la peine de dire que de l'un
d'eux. Néanmoins, on ne saurait trop le répéter, une
décision par analogie ne vaut pas, à beaucoup près, une
disposition légale expressément formulée, et la jurisprudence viendrait aujourd'hui donner à l'article 1188
une interprétation restrictive contraire à celle qu'elle
lui a toujours reconnue jusqu'à présent, qu'on pourrait
sans doute critiquer un revirement si inattendu et pro-
tester qu'il est à la fois la violation certaine et des prin-

cipes de l'équité et de l'intention du législateur, mais qu'il n'en faudrait pas moins s'incliner et obéir.

II

Plaçons-nous maintenant au point de vue opposé de la question et abordons ce qui a trait à l'intérêt du débiteur insolvable en présence de la masse de ses créanciers.

Ici encore le système de la loi française, en ce qui touche les non commerçants, présente plusieurs points d'infériorité, si on le compare au système de la faillite.

D'abord le commerçant failli trouve contre la rigueur des créanciers impitoyables la protection de l'article 469 du Code de commerce, en vertu duquel il pourra se faire réserver les « vêtements, hardes, meubles et effets nécessaires, « à lui-même et à sa famille, et de plus les objets « servant à l'exploitation de son fonds de commerce. » S'il s'agit, au contraire, d'un insolvable non négociant, il pourra se faire, aux termes de la loi civile, que des créanciers inhumains le fassent dépouiller des vêtements les plus nécessaires et même des objets servant à l'exercice de l'industrie qui fait son gagne-pain. En effet, le Code de procédure civile, article 592, n'excepte d'une façon absolue du nombre des objets susceptibles d'être saisis que « le coucher nécessaire des saisis, ceux de leurs enfants « vivant avec eux ; les habits dont les saisis sont vêtus et « couverts. » Tout le reste peut, au moins dans certains cas et pour certains créanciers, être compris dans la saisie.

Ainsi, les objets servant à l'exercice de son industrie

pourront être saisis pour « sommes dues aux fabricants « ou vendeurs desdits objets, ou à celui qui aura prêté « pour les acheter, fabriquer ou réparer, etc. » Il y a entre l'article 169 du Code de commerce et l'article 592 du Code de procédure civile, encore ces différences que le dernier ne s'applique qu'au coucher du saisi ou de ses enfants vivant avec lui et aux habits dont les saisis sont vêtus, tandis que l'autre comprend d'une part non-seulement le coucher nécessaire, mais tous autres meubles nécessaires soit au failli ou à ses enfants vivant avec lui, soit à d'autres membres de sa famille, même non vivant avec lui ; et d'autre part tous vêtements et hardes nécessaires aux mêmes personnes, même si elles n'en sont pas actuellement revêtues.

Il y a mieux, aux termes de l'article 474, Code de commerce, « le failli pourra obtenir pour lui et sa famille, « sur l'actif de sa faillite, des secours alimentaires qui « seront fixés » d'après certaines règles indiquées par la loi ; il pourra même être employé pour travailler, moyennant un salaire, aux opérations de la faillite (article 488).

Passons à un second point.

Par la déclaration de faillite (et nous avons vu que c'était là une des dispositions tutélaires du Code de commerce à l'effet d'établir entre les créanciers l'égalité la plus irréprochable) les poursuites individuelles cessent contre le débiteur ; quiconque a des droits devra les faire valoir dans la masse ; mais, sauf les cas de légitime préférence, personne ne peut plus agir directement contre le failli. En même temps que cette disposition est la sauvegarde des intérêts appartenant à la masse des créanciers, elle est des plus favorables au failli, et il est à regretter que l'insolvable non négociant ne puisse pas invoquer quelque chose d'analogue, lorsqu'il est en état de déconfiture reconnue.

Il est vrai que cette disposition, qui avait pour résultat le plus important de soustraire le failli à la contrainte par corps remplacée à son égard par le mandat de dépôt dont parle l'article 455 du Code de commerce, a perdu beaucoup de son intérêt depuis la loi du 22 juillet 1867 portant abolition de la contrainte par corps ; elle subsiste néanmoins en ce qui touche l'exécution sur les biens, et continue à protéger le commerçant en état de cessation de paiements contre les frais énormes et les lenteurs infinies auxquels est exposé le non négociant par la possibilité de poursuites simultanées de saisies multiples, source d'embarras et de complications sans nombre qui, venant s'ajouter aux embarras financiers du moment, transforment en une ruine certaine et définitive ce qui n'eût peut-être été qu'une gêne passagère et réparable. On sera tenté d'objecter que le non négociant peut bien, lui aussi, s'affranchir des poursuites de ses créanciers, en faisant cession de biens; sans doute la cession de biens avait pour résultat d'arrêter les poursuites individuelles sur la personne du débiteur, alors que ce mode d'exécution subsistait dans le droit français; sans doute aujourd'hui encore, elle arrête les poursuites individuelles sur les biens, seule voie d'exécution désormais en usage : mais, comme nous allons le voir plus bas, il est, entre la faillite et la cession de biens, soit quant aux conditions auxquelles elles sont soumises, soit quant aux effets produits par elles, de nombreuses et considérables différences ; ce n'est pas tout débiteur quelconque qui peut réclamer le bénéfice de la cession de biens, et, à supposer ce bénéfice obtenu, les avantages qui en découlent sont tout autres que ceux résultant de la faillite.

Nous arrivons maintenant au point capital de la question, à ce qu'il y a de plus remarquable dans toute la matière des faillites, au privilége accordé par l'article 507 du Code de commerce au négociant failli d'imposer à ses créanciers récalcitrants les avantages, termes ou réductions de créances, que lui ont consentis les autres, si ceux-ci se trouvent remplir certaines conditions de majorité énumérées dans la loi. C'est là quelque chose qui est tout particulièrement avantageux à l'insolvable, et qui ne porte à la masse des créanciers aucun préjudice ; car il est bien évident que la majorité ne se montrera disposée à se dépouiller d'une partie de son droit que pour conserver plus d'espérance de recouvrer le reste un jour ; eh bien, il n'y a, dans la loi civile, aucun bénéfice de ce genre en faveur de l'insolvable non commerçant ; sans doute, il a la ressource de la cession de biens dont nous parlions tout à l'heure ; mais, sans parler des conditions auxquelles la loi en soumet l'exercice, les avantages qui peuvent en résulter pour lui sont bien moindres. En effet, s'agit-il de la cession de biens judiciaire, celle dont parle l'article 1268 (et suivants)? A supposer qu'il soit bien dans le cas d'un débiteur malheureux et de bonne foi, et que, de plus, il ne soit pas au nombre des personnes privées par le Code de procédure (article 905) du bénéfice de cession, tout l'effet produit par le jugement qui l'admettra à la cession de biens sera d'empêcher les créanciers de le poursuivre désormais sur les biens cédés ; dès qu'il en acquerra de nouveaux, la possibilité de nouvelles poursuites renaitra ; d'ailleurs le jugement, même sur les biens antérieurs à la cession, ne sera opposable qu'à ceux des créanciers qui auront été appelés en cause; on a soutenu le contraire, en proposant d'appliquer par analogie au cas de cession ce que l'article 510 établit pour la faillite; mais, évidemment, s'il suffisait, pour étendre aux non commerçants ce que la loi a organisé pour les commerçants, de se fonder sur ce que, pour les uns comme pour les autres, il y a même raison de décider, il n'y aurait pas de bon motif pour ne pas déclarer en bloc toutes les règles de la faillite applicables à toute personne sans distinction; or, qui ne voit que ce serait dépasser les bornes de l'interprétation ? — S'agit-il d'une cession de biens volontaire, ici même le débiteur sera libre de faire avec ses créanciers tels traités qu'il conviendra aux deux parties, de part et d'autre; mais si les avantages qu'il se fait accorder ne sont pas consentis par tous, le traité ne liera que ceux qui l'auront fait; peu importe qu'il y ait de part ou d'autre une majorité, quelque considérable qu'elle soit; chacun reste maître de ses droits; la majorité du Code de commerce, composée des trois quarts en sommes et de la moitié plus une voix en nombre, cette majorité n'a ici rien à faire : elle est sans mandat. Un concordat ne peut donc être fait qu'à l'unanimité des voix.

Il est vrai que ceci encore a pu être contesté et l'a été toujours par le même motif que celui que nous énoncions en ce qui concerne la cession judiciaire; mais on ne saurait trop le répéter, s'il pouvait être permis à la jurisprudence de combler ainsi toutes les lacunes de la législation, l'office du législateur deviendrait une sinécure; il serait plus simple de le supprimer absolument et de ne plus faire de lois du tout !

Étant donc admis que la cession de biens, même volontaire, ne confère pas au débiteur le privilége de se faire accorder soit un atermoiement, soit une réduction de créance, on est en droit de se demander quel rôle elle joue dans les Codes français, aujourd'hui que la contrainte par corps, soit en matière civile, soit en matière commerciale, a disparu. Avant la loi du 22 juillet 1867 elle n'avait que de bien rares applications, mais enfin elle pouvait en avoir, servant alors à soustraire le débiteur à l'exécution sur la personne; depuis la suppression de ce mode d'exécution, ne serait-elle plus qu'un objet de luxe, comme cela a été spirituellement dit de certaine autre institution qui figure pompeusement au Code Napoléon et qui, dans la pratique, a rencontré à peine un seul cas d'application depuis qu'elle existe?

Nous avons signalé les principales lacunes que présente l'organisation de la déconfiture, au point de vue des créanciers d'abord, au point de vue du débiteur ensuite; il en reste bien d'autres à combler dans l'intérêt de la bonne administration de la justice. Passons-les rapidement en revue.

Nous avons eu l'occasion de dire incidemment que le Code de commerce donnait aux créanciers le moyen de s'assurer de la personne de leur débiteur failli; l'article 451, en effet, dispose que, par le jugement qui déclarera la faillite, le tribunal pourra ordonner le dépôt de la personne du failli dans la maison d'arrêt pour dettes ou la garde de sa personne par un officier de police ou de justice ou par un gendarme. L'objet de cette disposition est de faciliter les opérations de la faillite en permettant aux créanciers d'avoir sous la main leur débiteur, de façon à pouvoir en tirer tous les renseignements nécessaires;

cet objet se trouvait, par le fait, rempli, quoique indirectement, par l'exercice de la contrainte par corps, alors qu'elle existait, et malgré que le but principal en fût différent ; aujourd'hui la contrainte par corps, dont le caractère était tout autre que celui du mandat de dépôt, puisque celui-ci n'a jamais été une voie d'exécution, mais dont cependant le résultat se trouvait être, au point de vue qui nous occupe, absolument identique, la contrainte par corps, qui suppléait ainsi pour la déconfiture ce que l'article 455 du Code de commerce établit pour la faillite, a disparu depuis 1867 ; et peut-être est-il permis de regretter que, tout en abolissant une institution odieuse, si on la considère comme moyen d'exécution sur la personne, on ne l'ait pas conservée, pour les cas d'insolvabilité notoire, en tant que mode d'instruction, afin d'assurer aux créanciers une plus facile exécution sur les biens de leur débiteur.

Dans un autre ordre d'idées, la faillite peut, dans certains cas, aboutir à des poursuites en cour d'assises ou en police correctionnelle, suivant qu'il est reconnu que le commerçant s'est rendu coupable de faits caractérisant soit la banqueroute frauduleuse, soit la banqueroute simple ; de plus la faillite, par elle-même et sans complication de banqueroute d'aucune espèce, a pour effet d'imprimer au débiteur failli certaines incapacités dans l'ordre politique ou dans l'ordre civil : pourquoi n'en est-il pas de même à l'égard du non commerçant? Ou bien la loi est trop indulgente envers lui, ou bien elle est trop rigoureuse envers le commerçant ! Car il est évident que s'il y a entre les deux une raison de distinguer, c'est plutôt en faveur de celui qui, étant, par les nécessités même de sa profession, exposé à se laisser entraîner à d'aventureuses opérations, a du moins l'excuse des hasards du commerce. Cela a paru si incontestable, que certains jurisconsultes, et des plus grands que la France ait produits, ont cru qu'il fallait étendre au non commerçant qui se trouve en état de déconfiture les incapacités politiques édictées contre le failli.

Au point de vue de l'interprétation juridique, c'est aller trop loin; mais au point de vue de l'intérêt du pays, il est certain que, si la loi enlevait l'aptitude électorale à tous ces déclassés, sans attache morale, sans profession ni sans principes, qui, après avoir dépensé leur dernier argent, après avoir épuisé les dernières ressources de leur crédit, vivent d'expédients, exploitent leur nom ou leur splendeur passée et conspirent contre un état de choses dans lequel ils sont au dernier degré de l'échelle sociale, les honnêtes gens n'y perdraient rien et la société y gagnerait tout. On n'aurait plus de ces scandaleux exemples de trames ourdies contre la chose publique, pour la satisfaction des passions personnelles de quelques gens ruinés qui veulent s'emparer des emplois et combler par là le déficit que la prodigalité, le luxe et la débauche ont creusé dans leur patrimoine. Voyez où, pour accomplir son coup d'État contre la République, Catilina va chercher des amis et recruter des complices : « .... *Quicumque impudicus, adulter, ganeo,* « *bona patria laceraverat;* quique alienum æs grande « conflaverat, quo flagitium aut facinus redimeret ; præ « terea omnes undique parricidii, sacrilegi, convicti « judiciis, aut pro factis judicium timentes; ad hoc, « *quos manus atque lingua perjurio aut sanguine civili* « *alebat: postremo omnes, quas flagitium, egestas, cons-* « *cius animus exagitabat,* » voilà, dit Salluste, quels étaient les intimes et les familiers de cet ambitieux! Revenant à la société actuelle, n'est-il pas évident qu'ôter à de pareils aventuriers l'accès à l'urne électorale, soit comme éligibles, soit comme simples électeurs, serait protéger la nation contre leurs complots et mettre les Catilinas modernes dans l'impossibilité d'enlever les suffrages par surprise? Cette considération serait digne d'attirer l'attention du législateur.

Nous en dirons autant de l'incapacité d'exercer certaines professions où la plus grande honorabilité doit être exigée. Pourquoi ne pas traiter à cet égard le non commerçant qui s'est trouvé en état de déconfiture absolument comme le failli lui-même?

Quant à ce qui a trait aux faits qui caractérisent la banqueroute, il est manifeste qu'un non commerçant peut s'en rendre coupable tout aussi bien qu'un commerçant, qu'il s'agisse, par exemple, de dissimulations d'une certaine partie de son avoir, ou de folles dépenses, etc. Ne serait-il pas juste d'égaliser la situation et d'abolir absolument les peines que la loi prononce en pareil cas contre le commerçant, si l'on ne veut pas ajouter encore de la rigueur à une loi pénale déjà bien sévère, en déclarant la banqueroute crime ou délit, même à l'égard du non commerçant?

Un autre désidératum de la science juridique, c'est que la liquidation du patrimoine du non commerçant après son décès soit organisée autrement qu'elle ne l'est par les règles actuellement en vigueur dans le Code Napoléon.

En ce qui concerne le commerçant, qu'il vienne à mourir en état de cessation de paiements ou qu'il survive, peu importe: la situation est la même dans les deux cas, comme il est juste ; en effet, aux termes du Code de commerce, articles 437 et 478, la faillite peut être déclarée après le décès comme du vivant du failli, et dès lors la procédure suit son cours régulier.

Quand il s'agit, au contraire, d'un non commerçant qui vient à mourir insolvable, la loi, au lieu de considérer cette mort comme un événement parfaitement indifférent qui ne peut altérer en rien le droit du créancier, a recours à une fiction au moyen de laquelle la dette est supposée divisée entre les héritiers. Ce n'est que dans certains cas particuliers que cette division ne s'opère pas : je dis qu'alors la loi rentre dans la vérité et que ces cas exceptionnels devraient former le droit commun. En effet, ce serait l'application pure et simple de ce grand principe, de raison comme de droit, que les biens du débiteur sont le gage commun de ses créanciers (article 2093 du Code Napoléon). En m'obligeant, j'oblige toute la masse de mes biens ; qu'importe que je vienne à mourir ! Je disparais, soit ; mais mon patrimoine reste obligé comme auparavant. — Au lieu de cela, qui est bien simple, la loi imagine quelque chose de fort ingénieux : le débiteur mort, ce n'est plus son patrimoine qui reste obligé ; ce sont de nouveaux obligés qui apparaissent et autant de nouvelles obligations qui se forment. Et comment se forment-elles ? Ici encore la loi fait intervenir à son aide la fiction, c'est-à-dire un quasi-contrat. Tout cela ressemble, au fond, à une novation par changement de débiteur, avec cette différence que les créanciers, ici, ne sont pas maîtres de s'y opposer. C'est donc une sorte d'expropriation forcée qu'ils subissent.

Il est vrai qu'ils ont reçu préalablement en indemnité

un dédommagement, mais un dédommagement fort aléatoire : la responsabilité personnelle des héritiers. C'est là une compensation bien illusoire lorsque les héritiers seront insolvables; mais, dans tous les cas, cette garantie allouée au créancier après qu'il a été dépouillé d'un de ses droits les plus précieux, est une seconde singularité à ajouter à la première.

En effet, c'est un principe de bon sens et qui ne pourrait manquer de trouver sa place dans une législation assise uniquement sur la raison et sur l'équité, que l'héritier n'est point obligé au-delà des forces de l'hérédité. Car, s'il est vrai que les biens laissés par un homme à sa mort sont affectés à l'accomplissement de toutes ses obligations, il n'est pas moins vrai que personne n'est obligé de payer les dettes d'autrui. L'héritier ne devrait donc aux créanciers que le compte exact de tous les biens de la succession; s'il veut payer au-delà, qu'il en soit libre, mais ce ne sera là autre chose qu'une libéralité, et les libéralités ne se présument point.

Dira-t-on que, ces principes, le Code Napoléon ne les abandonne pas; que, seulement, il les subordonne à la condition que l'héritier soit en mesure d'établir la consistance des biens, c'est-à-dire ait fait bon et fidèle inventaire? — Qui ne voit que, par cette objection, on vient à mon aide; on réduit la question à une pure affaire de preuve; on rejette au loin cette idée, toute de convention, que l'héritier représente la personne du défunt, pour tomber d'accord avec moi que, là où l'inventaire n'aurait pas de raison d'être (par exemple, s'il s'agissait d'une succession purement immobilière), l'héritier ne devrait jamais être tenu que jusqu'à due concurrence, et que, même à supposer qu'il y eût nécessité d'en faire un (comme dans les cas où la succession comprendrait du mobilier qui pourrait se confondre avec celui de l'héritier), encore faudrait-il s'en contenter et n'exiger aucune autre formalité ? Mais non : la loi va plus loin ; pour elle, le principe c'est l'obligation *ultrà vires*, l'obligation *in infinitum;* le bénéfice d'inventaire n'est qu'une dérogation de faveur, que l'héritier ne peut invoquer s'il n'a déclaré formellement son intention d'en user (793), dont il est déchu s'il a omis de l'opposer en justice (800) ; la règle qui n'est plus qu'une exception, une peine dont on fait le droit commun : voilà où vient aboutir cette théorie dont le point de départ est dans la fiction !

Le législateur ne ferait-il pas mieux de répudier entièrement ce système, pour établir que le règlement des dettes héréditaires se ferait comme se fût fait le paiement du vivant du débiteur ; en un mot organiser, même pour les non commerçants, une sorte de faillite après décès ?

Une anomalie assez importante aussi peut encore être signalée dans la comparaison de la déconfiture avec la faillite. Il semblerait au premier abord, à la seule inspection de l'article 1446 du Code Napoléon, que la loi veut établir le parallélisme le plus complet entre la situation faite à la femme du débiteur dans le cas où celui-ci est en faillite, et celle qui lui est faite dans le cas de déconfiture. Dans les deux cas, en effet, l'article paraît donner le même droit aux créanciers de la femme : « En cas de « faillite ou de déconfiture du mari, ils peuvent, dit la « loi, exercer les droits de leur débitrice jusqu'à concur- « rence de leurs créances. » Or si, dans l'une ou l'autre hypothèse, le créancier de la femme peut exercer absolument le même droit, n'est-ce pas dire que la femme elle-même a, dans les deux cas, un droit parfaitement égal ? car il est de principe que le créancier ne peut exercer, au nom de son débiteur, que les droits qui appartiennent déjà à celui-ci. — L'apparence de l'article 1446 est trompeuse ; oui, dans les deux cas les créanciers de la femme pourront exercer les droits de celle-ci, mais ce n'est pas à dire qu'ils exerceront dans les deux cas les mêmes droits, car les droits de la femme seront fort différents, suivant qu'il s'agira d'un commerçant ou d'un non commerçant, d'une faillite ou d'une déconfiture ! En effet, d'une part, en ce qui concerne les reprises à exercer, la femme, en cas de faillite, ne pourra revendiquer le mobilier à elle appartenant qu'à la charge de prouver par acte authentique l'origine de ce mobilier, tandis qu'en cas de déconfiture la preuve peut être faite par tous moyens possibles, par témoins et même par simples présomptions (Code civil, 1415, 1504, et Code de commerce, 560, comparés). De plus, « lorsque le mari « sera commerçant au moment de la célébration du ma- « riage, ou, lorsque, n'ayant pas alors d'autre profession « déterminée, il sera devenu commerçant dans l'année, « les immeubles qui lui appartiendraient à l'époque de « la célébration du mariage, ou qui lui seraient advenus « depuis, soit par succession, soit par donation entre « vifs ou testamentaire, seront seuls soumis à l'hypo- « thèque de la femme : 1° pour les deniers et effets « mobiliers qu'elle aura apportés en dot, ou qui lui « seront advenus depuis le mariage par succession ou « donation entre vifs ou testamentaire, et dont elle « prouvera la délivrance ou le paiement par acte ayant « date certaine ; 2° pour le remploi de ses biens aliénés

« pendant le mariage ; 3° pour l'indemnité des dettes
« par elle contractées avec son mari (article 563 du
« Code de commerce). »

Enfin (article 564), « la femme dont le mari était com-
« merçant à l'époque de la célébration du mariage, ou
« dont le mari, n'ayant pas alors d'autre profession
« déterminée, sera devenu commerçant dans l'année qui
« suivra cette célébration, ne pourra exercer dans la
« faillite aucune action à raison des avantages portés
« au contrat de mariage, et dans ce cas les créanciers
« ne pourront, de leur côté, se prévaloir des avantages
« faits par la femme au mari dans ce même contrat. »

Rien de pareil dans la déconfiture : les deux articles
563 et 564 ne peuvent y trouver leur application, puisque
la déconfiture suppose un débiteur non commerçant.

Nous arrivons maintenant à un dernier point moins
spécial que les précédents, mais qui n'en est que plus
digne d'attirer l'attention du jurisconsulte : nous voulons
parler de la marche de la procédure dans son ensemble.
A la différence de la faillite, où l'on voit s'organiser une
vigoureuse centralisation, le failli étant dépouillé de la
possession et de l'administration de son patrimoine à la
tête duquel vient se placer le syndic, dans la déconfiture
tout flotte dans l'incertitude, tout marche à l'aventure :
ce ne sont que saisies et incidents de procédure de toute
sorte qui s'entre-croisent et se contre-carrent les uns les
autres : pas d'unité, pas d'ordre fixe ; en quelques points
même, pas de règle certaine. C'est ainsi, par exemple,
qu'on s'est demandé comment il fallait faire, en cas de
déconfiture, lorsque, sur les poursuites des créanciers,
des saisies ayant été faites à la fois sur les meubles et sur
les immeubles du débiteur, et la vente des meubles

s'étant opérée avant celle des immeubles, les deniers provenant des meubles étaient l'objet d'une distribution avant ceux produits par la vente des immeubles. En cas de faillite, pas de difficulté : nous avons une règle fixe, formulée par un texte de loi exprès : le Code de commerce, en effet, établit dans les articles 552, 553, 554 et 555 une combinaison grâce à laquelle le fait que les deniers provenant des meubles auront été distribués avant ceux provenant des immeubles, ne pourra ni profiter ni nuire à tel des créanciers à l'encontre des autres ; en matière de déconfiture, au contraire, comme le Code Napoléon ne parle aucunement d'une pareille combinaison, les tribunaux sont maîtres de reconnaître qu'un même créancier verra diminuer ou croître son droit suivant l'ordre de la distribution. Ce résultat singulier, produit de la fraude ou du hasard, mais dans tous les cas souverainement inique, pourra se présenter assez souvent, et voici pourquoi : On sait qu'en matière de ventes forcées de meubles, la distribution se fait par contribution, c'est-à-dire par répartition égale au marc le franc, tandis qu'en matière de ventes forcées d'immeubles, elle se fait par ordre, c'est-à-dire par classification suivant les diverses causes de préférence que peuvent avoir tels créanciers par rapport aux autres. Il se peut, sans doute, que ces causes de préférence n'existent pas, et alors la distribution se fera comme en matière de meubles, mais c'est le cas le plus rare, et tout le monde est d'accord que la loi doit statuer sur ce qui aura lieu le plus souvent. Cela étant, on aperçoit que si les créanciers qui ont une cause légitime de préférence ne viennent se faire payer sur les immeubles qu'après avoir déjà touché sur les meubles un tant pour

cent, chacun au prorata de sa créance, les sommes à
toucher sur les immeubles étant moins considérables,
puisque déjà il y a eu paiement partiel, il sera plus facile
à tel qui ne serait arrivé que tout juste pour toucher une
faible partie de sa créance, ou même qui se serait trouvé
en rang trop inférieur pour prendre quoi que ce soit,
d'arriver en ordre utile et de toucher soit une partie, soit
la totalité de ce qui lui est dû ; je dis « la totalité ; » il
est bien entendu que j'entends par là la totalité, en y
comprenant ce qu'il a déjà touché sur les meubles, car
il est clair qu'on ne peut se faire payer une somme supérieure au montant de ce qui est dû. En sens contraire,
les créanciers qui n'ont pas de cause de préférence se
trouveront lésés ; car ils auront concouru au marc le
franc avec les autres, et ceux-ci, dans la contribution,
auront fait valoir la totalité de leur créance, tandis que
s'ils ne s'étaient présentés à la distribution des deniers
provenant des meubles, qu'après s'être distribué ceux provenant des immeubles, ils n'auraient pu réclamer aucun
tant pour cent, ou ils n'auraient pu en réclamer que sur
l'excédant non payé de leurs créances, selon qu'ils auraient reçu paiement intégral ou paiement simplement
partiel sur le prix des immeubles. Ainsi, voilà une circonstance, absolument indifférente en droit, qui influe d'une
manière notable sur la condition de tel et tel créancier !
Afin de paralyser cette influence, le Code de commerce,
dans sa sagesse, établit que non-seulement le créancier
qui, après avoir touché un tant pour cent sur les meubles, viendrait se présenter au paiement sur les immeubles, ne pourra pas toucher plus qu'il ne lui est dû, par
cette double collocation, mais encore qu'il ne pourra rien
toucher, par là, au-delà de ce qui lui aurait été payé si,

au lieu de commencer par distribuer le produit des meubles, on eût interverti l'ordre pour commencer par la distribution provenant des immeubles ; pour cela, voici le procédé employé par la loi à l'égard de ces créanciers : « Leurs droits sur la masse chirographaire « seront définitivement réglés d'après les sommes dont « ils resteront créanciers après leur collocation immobi- « lière, et les deniers qu'ils auront touchés au-delà de cette « proportion dans la distribution antérieure, leur seront « retenus sur le montant de leur collocation hypothé- « caire, et reversés dans la masse chirographaire. » (Article 555.) — Or, dans le Code civil, nous ne trouvons aucune disposition analogue à cet article 555 : de là le doute !

On le voit, le législateur a eu le tort d'abandonner aux hasards de l'interprétation les questions, même les plus importantes, qui peuvent s'élever sur cette procé- dure ; et ce n'est qu'en rapprochant des textes épars, en s'en rapportant à des raisons de décider purement spé- culatives, en invoquant des analogies tirées d'autres matières, que l'on peut arriver à constituer à grand'- peine un système fort peu satisfaisant encore, qui ne présente ni harmonie ni certitude, et dont les variations de la jurisprudence peuvent venir déranger d'un jour à l'autre toute l'économie !

SECONDE PARTIE

Nous avons examiné le système de la déconfiture tel qu'il est présenté par le Code Napoléon, et nous avons pu constater qu'en France la *Faillite des non commer-*

çants n'existe ni dans les mots ni dans les faits. Tour-
nons maintenant nos regards vers les législations des
autres peuples, et voyons s'il n'y a pas là d'utiles ensei-
gnements à prendre pour le perfectionnement de la loi
française.

Tout d'abord, un système qui frappe par son extrême
simplicité et sur lequel, précisément parce qu'il est si
simple, nous n'aurons pas à nous arrêter longtemps,
c'est celui de la législation allemande. On n'y trouve
pas la moindre trace d'une distinction quelconque entre
les commerçants et les non commerçants ; une seule et
même procédure y est applicable aux uns comme aux
autres, et on est si loin d'y découvrir une pensée quelconque d'attribuer à l'institution de la faillite un caractère exclusivement commercial, que ce n'est pas dans le
Code de commerce qu'il faut aller chercher, en Allemagne, l'exposé des lois sur la faillite, mais bien dans
les codes respectifs de législation civile appartenant aux
divers États allemands ; le nouveau Code commercial,
commun à tous les États, ne contient rien, en effet, sur
la matière.

En Prusse, notamment, c'est le Code civil qui règle la
situation des débiteurs insolvables ; il en est de même
en Autriche, où c'est une vieille ordonnance de 1732
qu'il faut consulter à cet égard, en la combinant avec
certaines dispositions du Code lombard - vénitien. Dans
ces deux pays, sauf les différences de détail, nous n'a-
vons autre chose que la reproduction à peu près exacte
du système de la loi romaine ; il peut y avoir, soit cession de biens volontaire quand le débiteur va trouver
spontanément ses créanciers et leur fait l'aveu de son
insolvabilité, soit expropriation forcée, si le débiteur

disparaît sans laisser personne pour le représenter, ou bien encore s'il s'agit du patrimoine d'un défunt, mort insolvable, et dont l'héritier n'accepte pas la succession. Dans une hypothèse comme dans l'autre, l'état d'insolvabilité est judiciairement établi, d'où résulte d'une part, dessaisissement pour le failli de l'administration de ses biens, et, d'autre part, annulation des actes faits par lui en fraude de la masse de ses créanciers. Pas plus qu'en droit romain, on ne recherche si le débiteur est ou non commerçant!

En résumé, l'économie de la loi allemande est facile à saisir : la faillite ne se dédouble pas en déconfiture et faillite proprement dite ; il n'y a qu'une seule et même procédure commune à tous.

Nous allons maintenant étudier, mais plus en détail, parce que nous avons plus de fruit à en tirer encore, les deux législations dont l'examen nous semble le plus intéressant, pour nous guider dans les réformes qu'il pourrait y avoir à faire à la loi française, celle d'Angleterre et celle d'Espagne. Ici l'objet de notre étude sera plus complexe, et nécessitera de plus longs développements.

I

Le droit anglais présente à notre étude trois phases successives, dont la première appartient au droit consuétudinaire, et les deux autres sont régies, au contraire, par le droit statutaire.

Dans la première phase, les auteurs et la jurisprudence n'ont aucun texte spécial de loi auquel rattacher leur interprétation ; ils n'ont qu'à appliquer les principes géné-

raux de la *common law;* les dispositions du droi
statutaire, en effet, ne concernent alors que les commerçants; les *bankruptcy laws* laissent les non commerçants
absolument en dehors de leur empire.

Dans ces circonstances, voici ce qui était généralement
admis en pratique : afin de prévenir les poursuites
judiciaires de ses créanciers, le non commerçant insolvable faisait proposer à ceux-ci un arrangement ; cet
arrangement pouvait être un contrat d'atermoiement,
letter of license, et souvent il arrivait qu'en attendant
l'arrivée du terme ainsi concédé des sortes d'inspecteurs
étaient, sur le choix des créanciers, préposés à la gestion
du patrimoine du débiteur, auquel cas le contrat d'atermoiement prenait le nom spécial de « Deed of Inspection. » L'arrangement pouvait encore consister en
l'abandon fait par chacun des créanciers d'une partie de
leur créance, et il prenait alors le nom d' « Acte de com-
position » proprement dit.

Il pourra être intéressant de faire remarquer ici que
pareils arrangements étaient parfaitement valables, sans
qu'il fût nécessaire de les revêtir des formes d'authenti-
cité exigées pour les libéralités ; c'est qu'en effet ils con-
tituaient de véritables contrats commutatifs, car chaque
créancier recevait en échange du sacrifice partiel qu'il
faisait de son droit, l'engagement des autres à faire, de
leur côté, pareil sacrifice. Aussi était-il reconnu que, si
un créancier avait été amené à consentir un traité parce
qu'il croyait à tort que les autres le consentaient également, il n'était aucunement lié par ce traité.

Il était, en outre, universellement admis par la jurisprudence, que toute stipulation faite sous main par un
créancier, comme prix de son consentement, était chose

absolument illicite. Mais le point essentiel c'est qu'un traité, pour lier tous les créanciers, devait être consenti par eux tous. Si aucun traité n'était consenti par personne ou s'il n'en était consenti que par quelques-uns, le débiteur pouvait être, aux termes du droit commun, poursuivi judiciairement par tous ceux qui le jugaient convenable. Ces poursuites pouvaient consister soit en l'exercice de la contrainte par corps, soit en saisies de ses biens — « *attachment,* » — soit enfin en saisies-arrêts, — « *garnishment;* » — quant à cette dernière voie d'exécution, elle n'était pas, il est vrai, commune à tout l'empire, mais elle était pratiquée néanmoins sur plusieurs points importants, comme à Jersey, à Exeter, à Bristol, à Lancaster, dans la Cité de Londres et dans toute l'Écosse.

Les poursuites individuelles une fois exercées, le débiteur n'avait aucun moyen de s'y soustraire, contre le gré de ses créanciers. Nous allons voir que ceci fut changé de bonne heure, et dès à présent nous entrons dans la seconde phase de la législation anglaise.

Dès 1808, par le statut 48 Georges III, c. 123, la rigueur de la loi se trouve singulièrement adoucie à l'endroit des petites dettes; tout débiteur d'une somme qui ne dépasse pas 20 livres, peut, en effet, après douze mois d'emprisonnement pour cette dette, se faire mettre en liberté par la juridiction compétente. Ce n'était là qu'un commencement; le statut 7 et 8 Victoria, ch. 06, alla bien plus loin; il abolit absolument la contrainte par corps pour toute dette au-dessous de 20 livres. Mais ce sont là des mesures particulières à l'exécution sur la personne et qui, de plus, n'ont trait qu'à certaines dettes sans importance. Quant à une mesure générale d'assimi-

lation entre les lois de la *bankruptcy* et celle de l'insolvabilité des non commerçants, c'est dans le statut 7 Georges IV, ch. 57, que nous en trouvons pour la première
fois un véritable échantillon.

Par cet acte il est établi une cour des insolvables,
composée de commissaires, qui doivent siéger à la ville
au moins deux fois par semaine, et faire de temps à
autre des tournées dans le pays ; tout débiteur enfermé
pour dettes peut présenter, à cette cour, une requête de
mise en liberté et de déclaration d'insolvabilité : voilà
donc un des grands principes de la faillite transporté aux
non commerçants ; la requête adressée par le débiteur
à la cour a, en effet, pour résultat d'ouvrir une sorte de
procédure de faillite ; toutefois, il reste, entre cette procédure et la procédure de la *bankruptcy,* cette différence
capitale qu'ici, d'après le statut 7 Georges IV, le débiteur seul peut provoquer par sa requête l'ouverture de
cette procédure, les créanciers n'ont pas le pouvoir de
prendre l'initiative.

Ce dernier point fut modifié, dès la première année du
présent règne, par le statut 1 et 2 Victoria, ch. 110,
qui n'a fait, du reste, pour la majeure partie que reproduire, mot pour mot, les dispositions du précédent statut.
En voici l'analyse la plus succincte qu'il nous soit possible d'en donner.

Désormais, la cour des insolvables pouvait être saisie
de deux façons distinctes : à la requête du débiteur emprisonné, ou à celle du créancier qui avait requis l'emprisonnement. D'ailleurs, dans l'un et l'autre cas, la
marche de la procédure était la même.

Sur cette requête, la cour rendait un arrêt de dessaisissement, par lequel un syndic provisoire, choisi par

elle, se trouvait investi de tous les biens, droits ou actions appartenant au débiteur emprisonné ! Ce syndic provisoire, dont la fonction est permanente, et qui fait partie de la cour des insolvables, peut être remplacé par un syndic tiré du sein des créanciers. Il administre le patrimoine du débiteur, et procède aux opérations du partage proportionnel de l'actif entre les différents ayants-droit, le tout sous la surveillance de la cour. En un mot, ses pouvoirs sont à peu près les mêmes que ceux appartenant aux syndics des « *bankruptcy laws.* » Nous avons dit que sur sa tête passaient tous les droits et actions faisant partie du patrimoine de l'insolvable ; toutefois, cela doit être entendu avec ce tempérament, que, s'il s'agissait d'un employé de l'ordre civil ou militaire, ou un fonctionnaire de la marine, son traitement continuerait à lui appartenir ; seulement la cour pourrait, sur l'autorisation des directeurs de l'administration dont fait partie le débiteur, faire attribution à la masse de ses créanciers de telle partie du traitement qu'elle jugera convenable ; de même, il faut laisser à l'insolvable ce qu'il peut se procurer pour vivre et pourvoir au soutien de sa famille. Les syndics examinent les diverses créances, font leurs comptes et fixent la quotité du dividende, sous la foi du serment ; et l'insolvable est tenu, pour faciliter leur tâche, de présenter à la Cour, dans la quinzaine de l'arrêt de dessaisissement, la balance exacte et complète de son « Doit » et de son « Avoir. »

Aussitôt cette balance produite, la cour doit fixer à l'insolvable un jour de comparution ; au jour fixé, la cause est entendue, la balance examinée, et chacun des créanciers (ayant été convoqué à cet effet) est libre d'interroger le débiteur et de contredire à sa demande en décharge. Si la cour juge qu'il n'est pas coupable, elle le déclare déchargé et admis au bénéfice du statut. S'il y a eu, au contraire, mauvaise conduite, fraude ou prodigalité, elle peut différer sa décharge de la contrainte par corps quelquefois de six mois, d'autres fois de deux ans, d'autres fois encore de trois ans.

La déclaration par la cour que le débiteur a droit au bénéfice du statut, a pour résultat de le décharger de toutes les dettes comprises dans la balance qu'il a produite, en ce sens qu'il est protégé contre toute poursuite judiciaire et toute voie d'exécution que l'on voudrait exercer en raison de ces dettes. Toutefois, et c'est là la grande différence entre la faillite des non commerçants et celle des commerçants, s'il vient à acquérir de nouveaux biens plus tard, la cour a le pouvoir de permettre à ces mêmes créanciers de venir se faire payer sur ces nouveaux biens.

Le statut 1 et 2 Victoria contient encore certaines dispositions empruntées aux *bankruptcy laws*, comme la présomption de propriété de la section 57 et les nullités d'actes de la section 59 ; ces dispositions ont pour but, d'une part de prévenir certaines revendications frauduleuses, qui pourraient être concertées à l'avance entre l'insolvable et le tiers soi-disant propriétaire ; d'autre part, d'assurer une égale répartition de l'actif entre tous les créanciers, et de rendre impossibles les préférences illégitimes ; le premier but est atteint par le pouvoir conféré, par la loi, au syndic provisoire de disposer en pleine propriété de tous meubles dont l'insolvable avait, au moment de son emprisonnement, la possession, la disposition et la propriété apparente, du consentement de celui qui se prétendrait véritable propriétaire ; en vain celui-ci alléguera-t-il son droit ; on lui répondra que, de deux choses l'une, ou bien sa prétention est fausse, ou bien, s'il est bien véritable et légitime propriétaire, il est du moins coupable d'avoir procuré au débiteur un crédit ·imaginaire sans lequel les tiers aujourd'hui lésés n'auraient pas contracté avec lui ; — le second but est atteint, par la rescision de tous actes de transport, délivrance ou cession de valeurs, faits en état d'insolvabilité par le débiteur, dans les trois mois qui ont précédé son arrestation.

Voilà l'analyse rapide du statut 1 et 2 Victoria, ch. 110, lequel présente ceci de particulier qu'il vient seulement en aide aux débiteurs emprisonnés pour dettes, de sorte que, bien qu'il n'ait pas pour résultat unique de les décharger de la contrainte par corps, on peut dire néanmoins que c'en est là l'objet principal. Outre qu'il donnait aux débiteurs une fois emprisonnés le moyen de se faire mettre en liberté, il abolissait, dans la plupart des cas, l'emprisonnement préventif qui s'exerçait alors préalablement à tout jugement ; mais, comme c'est un statut dirigé essentiellement contre la contrainte par corps, dans les cas où cette contrainte n'a pas lieu il ne donne ni au débiteur ni à ses créanciers le moyen de faire liquider par une procédure d'ensemble la mauvaise situation de ses affaires.

Un pas bien plus considérable fut fait dans la voie de l'assimilation entre les commerçants et les non commerçants, par le statut 5 et 6 Victoria, ch. 116, et le statut 7 et 8 Victoria, ch. 96 (nous avons déjà eu l'occasion de citer incidemment le dernier). Ces deux statuts s'appliquent indépendamment de toute contrainte par corps déjà exercée, et, de plus, ils s'appliquent à la fois et aux non commerçants et aux commerçants dont le passif ne s'élève pas en total à plus de 300 livres. En voici les principales dispositions :

Le débiteur menacé de poursuites peut prendre les devants et présenter à la cour compétente une requête tendant à trouver protection contre ces poursuites. A la requête, dont la formule est donnée par le statut, doit être annexé l'état complet et exact de ses dettes, avec les noms des créanciers, les dates de chaque contrat, la nature de la dette, la description des sûretés, s'il en a été fourni, et en regard, l'inventaire descriptif et estimatif des biens avec l'énumération des créances appartenant à l'insolvable, etc. Tout cela est accompagné d'un serment reçu dans les règles. En réponse à cette requête, la Cour peut décharger le débiteur de toutes poursuites, sur la personne ou sur les biens, le libérer de celles qui auraient déjà été engagées, le défendre contre celles qui pourraient l'être postérieurement, cela jusqu'à ce que le requérant ait comparu devant elle. En même temps, elle nomme un syndic officiel, sur la tête duquel sont transportés tous les objets dépendant du patrimoine de l'insolvable, sauf les exceptions limitativement énumérées par ce statut.

Puis la Cour fait avertir tous les créanciers portés dans l'état annexé à la requête, par avis particuliers et par insertions dans les journaux du comté où réside le requérant : au jour fixé, on procède à l'examen de la cause ; le débiteur s'explique sous la foi du serment, et produit ses témoins ; de leur côté les créanciers sont entendus et font entendre leurs témoins. Il est décidé si le débiteur doit être maintenu en liberté, et un nouveau syndic est nommé à la majorité des voix (en sommes et en nombre), le choix toutefois doit être confirmé par la cour. Après ce premier examen, la cour, selon qu'elle le juge convenable, pourra renouveler l'arrêt de protection accordée au débiteur, elle aura les mêmes pouvoirs que la cour ordinaire des *bankrupts* pour se faire donner tous renseignements, et représenter tous documents nécessaires. L'arrêt de protection pourra être continué, de renouvellements en renouvellements, jusqu'au jour où devra être rendu l'arrêt définitif.

Cet arrêt définitif, dit la section 22 du statut 7 et 8 Vict., protége le requérant contre tout arrêt ou toute détention qui pourrait être pratiquée sur sa personne « en raison des différentes dettes et sommes dues ou « réclamées à ce titre, au jour de la production de la « requête, par le requérant, aux différentes personnes « énumérées comme créanciers dans son état de situation, « ou comme prétendant à ce titre de créanciers, etc.; » si, malgré cet arrêt définitif de protection, des poursuites étaient exercées, le débiteur n'aurait qu'à exciper de cette circonstance, en représentant au tribunal qu'il y a eu requête de protection, arrêt définitif et distribution accomplie entre les créanciers. Toutefois, s'il pouvait être prouvé, après l'arrêt définitif accordant protection au débiteur, qu'il y a eu de la part de celui-ci fraude soit par dissimulation d'une partie de son actif, soit, au contraire, par enflement du passif, tout créancier ou tout syndic sera maître, en suivant les formes prescrites par la section 12 du statut 5 et 6 Victoria, de faire rescinder l'arrêt de protection.

Comme en cas de *bankruptcy*, les syndics sont généralement investis de tout ce qui faisait partie du patrimoine de l'insolvable ; les poursuites individuelles de tout créancier, même fondées en titre exécutoire, sont arrêtées ; les actes de transfert, faits depuis la requête de protection, ou dans les trois mois qui l'ont précédée, mais en vue de l'insolvabilité, sont déclarés nuls et sans effet.

Le statut explique en détail comment le syndic officiel de la cour a pleins pouvoirs, en attendant la nomination des syndics des créanciers ; comment ceux-ci peuvent exercer l'action du débiteur, transiger et compromettre avec l'autorisation de la masse ; enfin réaliser l'actif ; il donne les règles d'après lesquelles les créances seront prouvées devant la cour, les dividendes fixés et distribués, etc. ; avant comme après l'arrêt définitif, des secours peuvent être fournis au requérant, sur son patrimoine. En revanche, il peut être accusé et condamné à un emprisonnement dont la durée n'excédera pas trois ans, s'il est prouvé qu'il a volontairement et frauduleusement fait des omissions dans l'état de situation annexé à la requête.

Voilà le résumé de ces statuts qui, en se combinant l'un avec l'autre, formaient tout récemment encore la base de la législation en matière d'insolvabilité des non commerçants, sauf que sur un point spécial, sur la question de compétence, ils avaient été modifiés par le statut 10 et 11 Victoria, ch. 102. A côté de ces deux statuts et contemporain du dernier d'entre eux, s'en place un troisième, le statut 7 et 8 Victoria, ch. 70, qui, pour ainsi dire, achevait l'assimilation entre les *bankruptcy laws* et les *insolvency laws*, et que, pour cette raison, nous ne saurions passer sous silence dans une étude comme celle-ci.

Nous avons vu que, dans la première phase de la

législation anglaise, les non commerçants, restant sous l'empire de la *common-law*, ou loi consuétudinaire, ne pouvaient se faire consentir par leurs créanciers de traités amiables, qu'à l'unanimité des voix; il suffisait qu'un seul se montrât récalcitrant, pour que les poursuites pussent être exercées contre eux dans toute leur rigueur. Cela dura ainsi jusqu'au statut 7 et 8 Victoria, ch. 70, qui vint changer complètement cet état de choses et rendre commun aux non commerçants le bénéfice des concordats. Voici en substance ce qui était décidé par cet acte :

1° L'insolvable peut, d'accord avec le tiers, en nombre et en sommes, de ses créanciers, adresser à la cour de *bankruptcy* une requête revêtue de la signature de ces créanciers, dans laquelle il expose fidèlement sa situation avec les circonstances qui y ont donné naissance, et fait à la masse de ses créanciers des propositions de traité, dont il énumère les conditions ; en même temps, il demande à la cour que ces propositions soient, sous son contrôle et avec telles modifications qu'il lui plaira d'indiquer, soumises à la délibération des créanciers, et dans l'intervalle il requiert protection contre toute arrestation.

2° A la suite de cette requête, un commissaire examine l'affaire, au besoin entend le débiteur, les créanciers qui ont mis leur signature sur la requête, et les témoins qu'ils produisent ; et, s'il apparaît que le débiteur ne s'est pas rendu coupable de quelqu'un des faits frauduleux énumérés dans le statut, il convoque une assemblée générale de créanciers.

3° La réunion est présidée par un syndic officiel de la cour, ou par un des créanciers nommé par le commissaire. Celui-ci est averti par le président des résolutions de l'assemblée.

4° Si la majorité en nombre et en sommes, ou bien les neuf dixièmes en sommes, ou les neuf dixièmes en nombre, des créanciers dont la dette est supérieure à 20 livres, accèdent aux propositions du débiteur, avec ou sans modification, le président fixe un autre rendez-vous, auquel les créanciers absents la première fois seront convoqués, par des moyens d'avertissement dont les formes sont scrupuleusement déterminées par le statut.

5° Si, à la seconde réunion, les trois cinquièmes en nombre et en sommes, ou les neuf dixièmes en sommes, ou les neuf dixièmes en nombre, des créanciers dont la dette est supérieure à 20 livres, s'accordent pour accepter l'arrangement voté à la première réunion, puis le rédigent et y apposent leurs signatures, pareil arrangement est (sauf la confirmation dont il sera parlé ci-après) obligatoire et pour le débiteur et pour tous les créanciers qu'il avait à l'époque de la requête ; toutefois, il faut pour cela qu'un tiers, en nombre et en sommes, de la totalité des créanciers, fussent présents à la seconde assemblée, par eux-mêmes ou par fondés de pouvoirs.

6° Dans la quinzaine, l'arrangement est soumis au commissaire qui, s'il le juge convenable, le fait enregistrer et en fait délivrer le certificat au débiteur ; celui-ci, par ce moyen, se trouvera protégé contre ceux de ses créanciers antérieurs au jour de la requête qui voudraient le faire emprisonner.

7° Le commissaire peut également, sur la simple inspection de la requête, accorder temporairement au débiteur la protection qu'il demande contre la contrainte par corps ; il peut aussi lui faire donner caution qu'il comparaîtra aux différentes réunions de créanciers; et, toutes les fois que le débiteur se rendra à ces réunions, il lui est garanti qu'il jouira de la même protection dont jouissent les témoins appelés en justice, c'est-à-dire qu'il ne pourra pas y être arrêté.

8° Du jour de l'enregistrement de l'arrangement, le *fidéicommissaire*, s'il en a été nommé un par l'assemblée, se trouve investi de tout ce qui appartenait au débiteur.

9° Il sera tenu, tous les six mois ou plus souvent, si le commissaire ou un certain nombre des créanciers l'exigent, de présenter au commissaire un compte certifié exact de toutes les valeurs qui auront passé par ses mains; celui-ci examinera et visera le compte, et ordonnera, s'il y a lieu, de payer les créanciers conformément aux termes de l'arrangement intervenu.

10° S'il semble au commissaire, sur le rapport du *fidéicommissaire* ou d'au moins deux des créanciers, que le débiteur n'a pas donné un bilan complet de son avoir, ou qu'il n'ait pas rendu compte à ses créanciers de ce qu'il aurait acquis dans la suite, alors qu'il était convenu qu'il devait le faire, il sera soumis à un nouvel examen, absolument comme dans les lois de *bankruptcy*.

11° S'il s'élève une difficulté sur l'exécution de l'arrangement, le commissaire convoquera une assemblée spéciale de créanciers qui décidera, à la simple majorité, s'il y a lieu de confirmer, de modifier ou d'annuler le contrat primitif; si un tiers au moins des créanciers en sommes et en nombre ne sont pas présents, la décision, pour être valable, devra être confirmée par le commissaire.

12° L'arrangement une fois réalisé, et les créanciers

satisfaits, le commissaire convoquera ceux-ci par-devant lui, et, s'il est établi que le *fidéicommissaire* a complétement exécuté le fidéicommis, on lui en donnera un certificat revêtu de la signature et du sceau du commissaire. A cette même assemblée, il sera décidé, à la majorité en nombre et en sommes, et sauf approbation du commissaire, quelle somme peut être allouée au *fidéicommissaire* en récompense de ses services.

13° A cette même assemblée enfin, le commissaire délivrera au débiteur, signé de sa main et revêtu de son sceau, un certificat constatant la requête et l'arrangement, ainsi que la complète mise à exécution de cet arrangement.

Voilà donc quel était, dans la seconde phase, l'état de la législation anglaise, en matière de l'insolvabilité des non commerçants. A la vérité, à côté des *bankruptcy laws* nous trouvons les *insolvency laws*. Ce sont deux lois matériellement distinctes ; mais, en réalité et dans leur essence juridique, ces deux lois se confondent presque entièrement ; tout est prévu dans l'une aussi bien que dans l'autre, et dans les deux cas les deux solutions sont absolument les mêmes : le nom seul est différent. Nous allons voir que cette dernière différence devait disparaître bientôt elle-même, et c'est ici que nous entrons dans la troisième phase de cette législation.

Le statut 24 et 25 Victoria, ch. 134, à l'imitation de la loi allemande, porte abolition, en ce qui concerne la faillite, de toute distinction entre commerçants et non commerçants, c'est-à-dire que désormais une seule et même procédure portant le même nom, expliquée dans la même loi, est applicable à tous. Toutefois les conditions nécessaires pour qu'un débiteur puisse être déclaré en état de faillite varient, suivant qu'il s'agira d'un commerçant ou d'un non commerçant, et, de plus, les cas où le failli peut être poursuivi comme s'étant rendu coupable, dans sa faillite, d'un fait délictueux, ne seront pas absolument les mêmes pour les uns et pour les autres. Cela n'empêche pas que l'assimilation est aujourd'hui complète, ces petites différences de détail n'étant autre chose que la conséquence nécessaire de la différence des hypothèses, et n'affectant en rien le fond du droit lui-même.

II

La législation espagnole, que nous nous proposons d'étudier à présent, offre un spectacle analogue à celui que nous présentait la législation anglaise avant le dernier statut d'assimilation, c'est-à-dire que nous trouvons encore ici, en matière de faillite, deux lois différentes et deux institutions de noms différents, l'une pour les non commerçants, l'autre pour les commerçants; mais il n'en est pas moins vrai qu'en dernière analyse les uns et les autres ont une faillite.

D'après le Code de commerce espagnol de 1829, la première condition pour qu'un débiteur puisse être déclaré être en état de faillite, où *quiebra*, c'est qu'il soit commerçant : cela est écrit en toutes lettres, dès le commencement du livre consacré à la faillite sous ce titre : « *De las quiebras.* » Néanmoins, et quoique cette expression *quiebra* ne soit pas employée en ce qui concerne les non commerçants, nous allons voir qu'au fond ceux-ci ont aussi leur faillite, parfaitement organisée par la loi.

En effet, la « *ley de enjuiciamento,* » de 1855, qui est une sorte de Code de procédure civile, a tout un titre consacré à l'insolvabilité des non commerçants, et nous allons y trouver presque tous les traits caractéristiques d'une véritable faillite. Seulement, le nom a changé ici, il n'y a plus *quiebra,* il y a *concurso de acreedores* (c'est-à-dire assemblée de créanciers); mais, en réalité, c'est à peu près la même chose : dans les deux cas nous sommes en présence d'une procédure d'ensemble, d'un système de centralisation, d'une véritable liquidation; aussi les jurisconsultes espagnols disent-ils que, dans le « *concurso de acreedores,* » comme dans la « *quiebra,* » il y a *juicio universal,* et non pas *juicio particular;* il n'y a donc pas entre les deux institutions la même différence que dans le droit français, entre la faillite et la déconfiture; car si la faillite présente tous les caractères d'un *jugement universel,* il en est autrement de la déconfiture, dans laquelle chaque action s'exerce isolément et sans concert, et qui, par conséquent, n'est rien de plus qu'un *jugement particulier.* Ici, au contraire, dans les deux cas nous avons une seule procédure qui embrasse, non pas telle ou telle action spéciale, non pas telle ou telle voie d'exécution particulière, mais toute une situation, toutes les actions, toutes les voies d'exécution pouvant être exercées sur la totalité d'un certain patrimoine; nous avons, en un mot, un *jugement universel.* Aussi, malgré les points de divergence qu'il peut y avoir entre les deux institutions, est-on autorisé à dire cependant que le *concurso de acreedores,* comme la *quiebra,* est bien une sorte de faillite. Entrons maintenant dans les détails.

Il y a, d'après la *ley de enjuiciamento,* qui ne fait, du

reste, que reproduire, en les coordonnant, le fond des vieilles lois espagnoles, deux espèces différentes de « *Concours de créanciers* » : le concours volontaire et le concours nécessaire, ou forcé.

Le concours volontaire s'obtient par une requête adressée à cet effet par le débiteur au juge de son domicile. Il doit joindre à la requête, sous peine d'inadmissibilité :

1° Le relevé exact et précis de tous ses biens, en exceptant seulement ceux déclarés par la loi insaisissables, c'est-à-dire : le lit du débiteur, de sa femme et de ses enfants, les vêtements nécessaires à leur usage, et les instruments indispensables à l'exercice de sa profession, art ou industrie.

2° Un état des dettes, avec l'indication de leur origine, du nom et du domicile de chaque créancier.

3° Un exposé des circonstances qui ont amené le débiteur à se présenter en concours.

En même temps, il demandera terme ou décharge partielle, ou tous deux à la fois. En conséquence, le juge fera immédiatement convoquer une réunion des créanciers. A cet effet, des citations individuelles, faites dans la forme ordinaire des ajournements, et donnant aux créanciers le temps nécessaire pour que de tout point quelconque de l'Espagne, ils puissent venir à la réunion, seront remises à chacun d'eux avec un état de toutes les dettes. De plus, ces citations seront publiées dans le journal du ressort de la province, et même, si le juge le croit nécessaire, dans la *Gaceta*. Dans ces insertions, comme dans les exploits eux-mêmes, les créanciers seront avertis qu'ils aient à se présenter à la réunion munis de leurs titres, sous peine de ne pas y être admis.

Au jour fixé, la séance sera tenue sous la présidence

du juge, assisté du greffier; la requête et les pièces annexées seront lues, le débiteur et les créanciers qui voudront prendre la parole seront entendus; ensuite de quoi le juge mettra aux voix la question du terme ou de la réduction. Les votes seront nominatifs. Pour former la majorité d'où dépendra la décision, il faudra les deux tiers, en nombre, des créanciers présents, et au moins les trois cinquièmes en sommes, calculés sur le montant total du passif.

Si le résultat de la décision est un refus de terme ou de réduction, chacun des créanciers demeure libre d'exercer ses droits comme il l'entend. Si la décision est favorable au débiteur, elle pourra, pour une des quatre causes suivantes, limitativement énumérées, être attaquée par ceux des créanciers qui n'étaient pas présents à la réunion, ou par ceux qui, étant présents, auraient opiné ou protesté contre le vote de la majorité :

1° Inobservation des formes prescrites pour la convocation, la tenue et la délibération de l'assemblée;

2° Non-présence, par lui-même ou par un représentant, d'un quelconque de ceux dont le vote a concouru à former la majorité;

3° Concert frauduleux entre un ou plusieurs des créanciers et le débiteur, dans le but de voter le terme ou la réduction;

4° Exagération de créances faite par fraude afin de créer une majorité en sommes.

Si, dans la huitaine, il n'intervient pas d'opposition, le juge rendra jugement sur-le-champ, et ordonnera les mesures d'exécution par provision : dans ce cas, le jugement n'est pas susceptible d'appel de la part d'aucun des créanciers qui ont été personnellement cités à la réunion;

il n'y a que les autres qui peuvent l'attaquer. Si, au contraire, il y a opposition, le jugement qui interviendra sera susceptible d'appel, et l'appel aura à la fois effet dévolutif et effet suspensif.

Nous arrivons maintenant au concours nécessaire.

La formation de ce concours pourra s'obtenir par jugement à la poursuite des intéressés : 1° quand il y aura deux exécutions, ou plus, en train de s'accomplir contre le débiteur, et 2° qu'on n'aura pu, dans une de ces exécutions ou dans toutes, trouver aucun bien absolument libre dont la valeur soit notoirement suffisante pour garantir la somme réclamée.

Tout juge devant lequel se poursuit une exécution sera compétent pour statuer sur le concours ; toutefois, s'il y a une des exécutions qui soit poursuivie devant le juge du domicile du débiteur, celui-ci ou la majorité des créanciers pourront exiger que l'instance se continue devant ce dernier juge. Le concours une fois prononcé, on le notifiera au débiteur, et on avertira les juges saisis des autres poursuites d'exécution, pour qu'ils aient à les concentrer toutes en une seule instance, sur le jugement universel.

Dans le jugement de déclaration de concours, le juge prononcera les mesures de provision nécessaires pour le séquestre, la garde de tous les biens du débiteur, la saisie de ses livres et papiers, l'arrêt de sa correspondance.

Le séquestre devra présenter des garanties de crédit et de responsabilité, il sera pris indifféremment parmi les créanciers, ou en dehors.

Outre la garde des biens, il sera tenu : 1° de les administrer ; 2° de recouvrer toutes créances quelconques du débiteur; 3° de proposer au juge l'aliénation des objets qui ne pourraient pas se conserver en nature.

Le débiteur ouvrira la correspondance en présence du juge, assisté de son greffier; on lui laissera les lettres qui n'auront pas trait à ses affaires ; on retiendra, au contraire, jusqu'en temps utile celles qui s'y rapporteraient. Si le résultat de ce dépouillement de la correspondance suggérait quelque mesure urgente, le juge pourra la prendre, en avertissant le débiteur.

Les recouvrements de créances ne pourront se faire sans une permission judiciaire, qui sera préalablement mentionnée sur les titres mêmes de créances, avec la signature du juge et du greffier. La vente des objets dont l'aliénation sera ordonnée ne pourra se faire qu'avec certaines formalités. Les fonds ainsi touchés seront déposés à l'établissement public institué à cet effet.

Le juge fixera au séquestre ses vacations, lesquelles ne pourront dépasser 50 réaux par jour, et varieront d'après l'importance et la nature des biens confiés à sa garde. Il lui sera, de plus, attribué : 1° un demi p. 100 sur les créances à recouvrer; 2° 1 p. 100 sur le produit net de la vente des fruits ou autres biens meubles qui sont aliénés; 3° 5 p. 100 sur le produit liquide de tout autre acte d'administration.

Le débiteur pourra, dans les trois jours de la signification qui lui en sera faite, s'opposer à la déclaration du concours. Passé ce délai, il sera censé y consentir. La formation d'opposition n'empêchera pas les opérations de continuer; il en sera autrement de l'appel sur la sentence intervenue à la suite de cette opposition; l'appel sera à la fois dévolutif et suspensif.

Si le jugement de déclaration de concours est infirmé

par le tribunal supérieur, le séquestre sera levé et on délivrera au débiteur, en présence du greffier, les fonds, biens, livres, papiers et lettres retenus. Le séquestre rendra compte au débiteur des actes d'administration qui auraient été par lui accomplis. Le débiteur aura le droit de réclamer des dommages intérêts au créancier à la poursuite duquel avait été déclaré le concours, s'il y a eu de sa part dol ou mensonge.

Si la déclaration de concours est suivie du consentement du débiteur ou d'un jugement confirmatif, le juge fera savoir au débiteur, objet de ce concours, qu'il ait à présenter dans les deux jours la liste de ses créanciers, avec l'exposé des motifs de la situation. Il fera aussi, par affiches et par insertions dans les journaux de la localité, s'il y en a, dans le Bulletin de la province, et, s'il y a lieu, dans la *Gaceta*, prévenir et convoquer les créanciers, afin qu'ils se présentent dans les vingt jours, avec les titres justificatifs de leurs créances. Ce délai passé, le juge convoquera les créanciers en assemblée générale pour procéder à la nomination des syndics ; cette convocation se fera par exploit à ceux des créanciers qui se seront présentés, et, pour les autres, par affiches et insertions, comme dans le cas de concours volontaire, en indiquant le jour, l'heure et l'endroit de la réunion, qui ne pourra avoir lieu que vingt jours après.

Au jour fixé, la réunion sera tenue sous la présidence du juge assisté de son greffier, et on n'y admettra que les créanciers qui auraient déjà produit leurs titres ou qui les produiraient au moment même. La séance s'ouvrira par la lecture des articles de loi qui règlent la nomination des syndics ; puis, on exposera les antécédents de la situation, et on rendra compte des mesures prises touchant le séquestre des biens et la retenue des lettres, etc. Ensuite, il sera procédé à la nomination des syndics, dont l'élection se fera à la même majorité que celle requise en matière de concours volontaire, pour le vote de l'arrangement.

Si, au premier tour de scrutin, personne ne réunit la majorité en nombre et en sommes, un nouveau vote de ballottage s'établira entre les quatre candidats qui auront le plus approché de cette double majorité. Si ce second tour de scrutin n'amène encore pas d'élection à la double majorité, celui qui aura obtenu la majorité relative en nombre, et celui qui aura obtenu la même majorité en sommes, se trouveront tous deux élus. Si, au contraire, au premier tour, un même créancier amène la double majorité, on procédera à un second tour pour la nomination de l'autre syndic; et si, cette fois, personne n'obtient cette double majorité, on considérera comme élu celui qui, ayant obtenu une seule des deux majorités, se trouvera avoir l'intérêt personnel le plus considérable dans le concours.

L'élection ne peut porter que sur des créanciers qui seront présents en personne, et non sur leurs représentants; elle ne pourra non plus porter sur des créanciers qui auraient une cause légitime de préférence ou qui y prétendraient. Ce n'est qu'en cas où il n'y aura aucun créancier présent en personne que l'élection pourra retomber sur les représentants fondés de pouvoirs, elle devra même porter plutôt sur des fondés de pouvoirs, représentant des créanciers simplement chirographaires, que sur des créanciers ayant ou prétendant avoir un droit de préférence. Dans chaque concours, le nombre des syndics sera de deux, et pourra être porté à trois, si le deux tiers des créanciers présents en expriment le vœu.

Les syndics ont ensemble, comme rétribution de leurs services, et pour être entre eux réparti par portions égales, sauf conventions contraires, droit à ce qui suit : 1 p. 100 sur la réalisation de tous effets publics, créances ou autres droits dépendant du concours ; 2 p. 100 sur le produit net de la vente des fruits et meubles ; 1 p. 100 sur celle des biens-fonds ; 5 p. 100 sur le produit net de tout acte d'administration pour tout le reste ; enfin s'il y a eu des frais de déplacement, il leur en sera tenu compte, conformément à la sentence de provision et à l'ordonnance qui sera délivrée à cet effet par le juge.

L'élection des syndics sera succeptible d'être attaquée par les créanciers ou par le débiteur : l'opposition se fera d'après les règles ordinaires ; seulement elle ne suspendra en rien la marche de l'instance du jugement universel ; et, de plus, l'appel qui pourra avoir lieu sur la sentence intervenue à la suite de cette opposition n'aura qu'un seul effet ; il sera simplement dévolutif. Une fois nommés, les syndics seront mis en possession, et on fera reconnaître leur pouvoir partout où ce sera nécessaire ; leur nomination sera rendue publique, par le moyen de placards apposés aux endroits accoutumés et d'insertions faites dans les mêmes journaux par l'organe desquels aura été faite la convocation à l'assemblée réunie pour leur élection ; dans ces affiches et insertions il sera annoncé que tout ce qui appartient au débiteur objet du concours ait à être délivré aux syndics.

Le travail des syndics est divisé en trois parties distinctes, qui forment chacune l'objet d'un procès-verbal séparé : administration du concours ; vérification et classification des créances ; enfin qualification du concours,

Pour les deux premières parties, la *ley de enjuiciamiento* entre dans des détails où il nous serait trop long de la suivre ; qu'il nous suffise de dire que tout y est réglé avec un soin égal à celui qu'on trouve dans le Code de commerce espagnol, au chapitre de la *quiebra*; nous pouvons dire même avec plus de soin, avec plus de minutie encore. Quant à la troisième partie, il peut être intéressant de nous y arrêter quelques instants.

On délivre aux syndics, aussitôt après leur nomination, le dossier où se trouvent, présentés par le débiteur, un relevé de tous ses biens, un état des dettes et un exposé des circonstances de la situation : là-dessus les syndics ont trente jours pour examiner les livres et papiers du débiteur et rédiger par écrit, dans une relation raisonnée avec documents à l'appui, leur jugement sur le concours et ses causes. Cela sera communiqué au ministère public afin que, s'il y découvre quelque fait délictueux, il puisse le poursuivre conformément aux lois.

Si les conclusions du ministère public sont d'accord avec celles des syndics, et favorables, au débiteur objet du concours, le juge se fera remettre les pièces du procès, sur-le-champ, et pourra, selon qu'il le jugera convenable, soit déclarer l'innocence du débiteur, soit adopter, s'il le trouve coupable, telles mesures qu'il jugera nécessaires à la bonne administration de la justice.

Si les conclusions du ministère public sont en désaccord avec celles des syndics, et favorables au débiteur, celui-ci obtiendra audience, et, sur l'examen de toutes les pièces, le juge prononcera comme dans le cas précédent.

Si, au contraire, le ministère public conclut contre le débiteur, qu'il soit ou non d'accord avec le rapport des syndics, il sera procédé comme de droit, suivant la nature de l'inculpation. Aucune peine ne pourra être prononcée, sans que le débiteur soit entendu dans toutes les règles et que les formes de procédure soient exactement observées. Chaque créancier a le droit d'intervenir personnellement afin d'exercer des poursuites criminelles contre le débiteur, soit qu'il ne fasse que se joindre aux poursuites déjà intentées par les syndics ou le ministère public, soit qu'il se trouve être le seul à poursuivre; dans l'une ou l'autre hypothèse, la marche à suivre lui est soigneusement tracée par la loi.

Après avoir examiné séparément et l'une après l'autre, la procédure de concours volontaire et celle de concours nécessaire, il nous reste à parler du cas où les deux procédures se mélangent, pour ainsi dire, ensemble : celui où le concours nécessaire se transforme, dans le cours de l'instance, en concours volontaire.

En tout état de cause, en effet, il peut intervenir un arrangement entre le débiteur et ses créanciers. Cet arrangement tardif n'est alors autre chose que ce que nous appelons concordat en matière de faillite ; et, de même que le Code de commerce espagnol consacre un titre spécial du livre de la *quiebra* à la réglementation *del contenio*, sous cette même rubrique : « Del convenio, » nous trouvons toute une section du titre que la *ley de enjuiciamiento* emploie à la matière des *concursos*. Mais ce n'est pas seulement le même nom que nous rencontrons de part et d'autre, ce sont aussi, *mutatis mutandis*, les mêmes dispositions.

L'arrangement peut avoir lieu soit sur l'initiative du débiteur, soit sur celle d'un créancier : une réunion est convoquée à cet effet, dans des formes, dans des délais et sous des conditions de publicité établis par la loi ;

cette réunion peut, du reste, se confondre avec celle consacrée à la vérification des créances, si les époques se trouvent coïncider. La majorité s'y forme comme dans les réunions tenues dans les concours volontaires; les motifs pour lesquels l'arrangement pourra être attaqué, et les modes d'attaque, sont aussi les mêmes que lorsqu'il s'agit d'un arrangement de terme ou de réduction, par concours volontaire. Comme dans le cas de *quiebra*, la femme du débiteur ne peut prendre part au *convenio*, et ceux des créanciers qui auraient un droit de propriété ou un droit de préférence à invoquer, sont maîtres de s'abstenir, ou de voter, à la charge de subir les conséquences naturelles de leur option (art. 620 et 621, *ley de enj.*, et art. 1154 et 1155, *Cod. de com.*, comp.). Enfin, de même qu'en cas de *quiebra*, le bénéfice de concordat n'appartient pas au failli qui se serait rendu coupable de banqueroute ou d'un fait analogue (article 1148, *Code de com.*), de même ici, l'article 614 de la *ley de enj.* nous montre que le *convenio* est inapplicable au cas où le concours aura été déclaré frauduleux, sur la poursuite des syndics, du ministère public ou d'un des créanciers.

Les propositions de *convenio* suspendent la marche du concours nécessaire; mais si elles échouent, la procédure reprend aussitôt sa marche régulière.

Le titre du *concours* se termine par une section commune aux deux différentes espèces de concours, au sujet des sommes qui pourront être allouées au débiteur, à titre d'aliments, sur les biens compris dans le concours.

Si le débiteur réclame des aliments, le juge pourra, selon les circonstances, fixer le chiffre qui lui paraîtra convenable, mais seulement dans le cas où il penserait que l'actif est supérieur au passif; dans tous les cas, la sentence de provision, qu'il rendra à ce sujet, n'aura qu'un carctère intérimaire et ne sera pas susceptible d'appel. A la première réunion de créanciers, la fixation faite par le juge sera examinée; les sommes allouées pourront être maintenues ou supprimées, ou le chiffre modifié. Toutefois, lorsqu'il ne sera pas évident que le passif soit supérieur à l'actif, les aliments ne pourront pas être absolument supprimés. La décision de l'assemblée pourra être attaquée dans la huitaine par la voie ordinaire. Pendant l'instance sur les aliments, le débiteur ne pourra se les faire servir si le juge est d'accord avec l'assemblée pour les lui refuser; s'il y a dissentiment sur cette question, ou simplement sur le chiffre, il y aura droit, d'après le chiffre accordé par l'assemblée.

III

De cette étude de législation comparée, que nous jugeons inutile de pousser plus loin, parce que cela nous amènerait inévitablement à des redites et à des superfluités, il ressort à nos yeux avec évidence qu'il n'y a aucune bonne raison de conserver dans la loi française cette distinction que nous y trouvons, en matière de faillite, entre commerçants et non-commerçants, et en même temps que nous apparaît la nécessité de la réforme nous voyons la manière dont on peut l'accomplir. Cette manière est double : ou bien, suivre l'exemple de l'Allemagne, déclarer en bloc, comme l'a fait le statut de 1861 en Angleterre, que les lois de la faillite s'appliqueront désormais à toutes personnes sans distinction; ou, si

l'on trouve cette marche trop hardie, s'en tenir au système admis, jusqu'en 1861, chez nos voisins d'outre-
Manche, système qui est encore aujourd'hui la loi en
vigueur de l'autre côté des Pyrénées : établir des *insolvency laws* à côté des *bankruptcy laws*, ou, si l'on aime
mieux, organiser une sorte de *concurso* auprès des lois
de la *quiebra*, ou enfin, pour parler français, créer une
faillite des non commerçants à l'imitation de celle organisée pour les commerçants. D'une manière comme de
l'autre, on fera disparaître les différents points de divergence que nous avons notés entre la déconfiture du
Code Napoléon et la faillite du Code de commerce.

Si l'on ne veut pas avoir recours au premier procédé,
qui est le plus simple (celui de l'assimilation absolue,
auquel s'est enfin rendue, après bien des tâtonnements,
la législation anglaise), que l'on ait recours au second,
système mixte qui ne satisfait pas autant les esprits lo-
giques jusqu'à la rigueur, mais qu'il sera peut-être plus
prudent d'adopter, jusqu'à nouvel ordre, en considération de l'état actuel de la loi positive !

Sans doute, il serait plus rationnel de n'avoir qu'une
seule et même loi de faillite, applicable à tous, et c'est
là vraisemblablement qu'on en arrivera partout tôt ou
tard ; mais, comme l'excellence de toutes les dispositions
du Code de commerce lui-même n'est pas absolument
à l'abri de toute discussion ; comme, en outre, la force
même des choses établit certaines différences de fait,
dont il faut bien au moins tenir compte dans la construc-
tion des espèces, sinon dans le fond du droit, selon que
le débiteur est ou non dans le commerce, il ne faut pas
penser à déclarer, d'un seul coup et tout d'une pièce, les
lois de la faillite communes aux commerçants et aux non

commerçants, sans leur avoir fait préalablement subir quelques remaniements ; il ne faudrait procéder à une pareille assimilation que sous bénéfice d'inventaire, et faire comme le législateur anglais, qui, pour opérer une fusion complète et irréprochable entre les *bankruptcy laws* et les *insolvency laws*, a dû faire de part et d'autre des emprunts réciproques, et modifier en certains points les lois qui régissaient les commerçants, en même temps que, sur d'autres, il les étendait aux non commerçants.

Un pareil travail pourrait effrayer le législateur français, qui n'aime guère à porter la main sur les Codes que lui a légués le premier Empire, surtout quand il s'agit d'en altérer la configuration extérieure : or précisément c'est ce qui arriverait ici ; comment, en effet, intercaler une loi commune aux commerçants et aux non commerçants, dans un Code qui continuerait à conserver l'appellation de Code de commerce ? Cette dernière considération, qui peut sembler futile à des philosophes, n'en a pas moins dans la pratique une importance toute particulière, et c'est une de celles dont il faut tenir compte avant tout, si l'on veut proposer une réforme législative avec quelque chance de succès.

Aussi croyons-nous la réforme plus facilement réalisable par le moyen d'une loi particulière, spéciale aux non commerçants et faite sur le modèle du système de la faillite.

On pourrait s'inspirer, dans cette œuvre, des *insolvency laws* qui existaient en Angleterre avant 1861, et de la *ley de enjuiciamiento* d'Espagne : dans ces lois, en effet, comme nous l'avons vu, se retrouvent toutes les principales règles de la faillite, dont nous avons eu à constater l'absence dans la déconfiture du droit français. Un coup d'œil rétrospectif va nous en convaincre.

Dans l'intérêt de la masse des créanciers, nous avons regretté de ne pas trouver, dans le Code Napoléon, de dispositions qui assurent que tous seront appelés à prendre part aux distributions opérées sur le produit de l'actif de l'insolvable ; nous avons regretté, de plus, que l'état de déconfiture ne soit pas une situation indivisible, vraie à l'égard de tous, ou vraie à l'égard de personne. — Or, sur ces deux points, ce que nous ne trouvons pas dans le Code Napoléon existe dans les deux législations dont nous parlons : dans l'une et l'autre, des mesures de publicité soigneusement établies par la loi assurent que tous les intéressés seront, autant qu'il est possible, reliés à la procédure ; dans l'une et l'autre aussi, la situation de l'insolvable est l'objet d'une déclaration judiciaire qui a force de chose jugée à l'égard de tous, d'une instance universelle, pour nous servir de la terminologie des jurisconsultes espagnols.

Dans l'intérêt du débiteur, nous avons pu reprocher à la loi française d'abord d'être bien impitoyable envers lui, en ne lui laissant pas, dans son malheur, les objets les plus indispensables à la vie ; puis, de le laisser sans défense contre les poursuites de ses créanciers qui peuvent continuer à l'attaquer chacun de leur côté ; et enfin de l'abandonner à la merci d'une minorité cupide et inhumaine qui peut, par son refus, rendre impossible toute espèce d'arrangement. Sur ces trois points encore, nous avons pu constater que les *insolvency laws* ne laissaient rien à désirer, pas plus que les lois espagnoles. En effet, les unes et les autres, non-seulement sont plus larges envers l'insolvable dans la détermination des objets qui seront insaisissables, mais vont même jusqu'à permettre que des secours alimentaires lui soient fournis sur l'actif de son patrimoine ; — de plus, elles déclarent interrompues, par le jugement de déclaration, toutes les poursuites individuelles des créanciers, et, pour employer l'expression anglaise, accordent à l'insolvable « *protection* ; » — enfin, point capital, elles accordent au débiteur non commerçant le bénéfice du concordat !

Il est encore d'autres points sur lesquels nous avons montré qu'il y a des réformes à faire dans la loi française. C'est ainsi que nous avons posé ce dilemme : « Ou « bien les lois de la banqueroute doivent être supprimées, « ou elles doivent être étendues aux non commerçants ; » nous avons vu que cette dernière proposition était consacrée dans les *insolvency laws*, et qu'elle l'est aussi dans le Code espagnol. Nous nous sommes plaint d'une bizarrerie de la législation française, qui fait que le droit d'un créancier se trouve modifié par le décès du débiteur : rien de pareil, en droit anglais, où nous trouvons, pour toutes personnes, l'organisation d'une véritable faillite posthume, surveillée par les *executors* (s'il y a testament), et par les *administrators* (s'il n'y en a pas) ; rien de pareil, non plus, en droit espagnol, où nous voyons que lorsque les *testamentarias* sont insolvables, elles sont régies absolument comme l'eût été, de son vivant, le patrimoine du défunt. Enfin, nous avons déploré que la déconfiture n'ait pas, comme la faillite, sa procédure particulière, où soit réglementé en détail tout ce qui a trait à l'administration des biens, au recouvrement des créances du débiteur, à l'ordre à suivre dans la réalisation de l'actif ; où se trouvent des syndics qui soient saisis des biens, droits et actions de l'insolvable ;

en un mot, où la marche à suivre soit nettement et clai-
rement tracée ; eh bien, cette procédure, nous voyons
qu'elle est organisée avec la plus scrupuleuse minutie
dans la loi de *l'insolvency* et dans le *concurso* : là, dessaisissement complet du débiteur, et investissement,
d'abord d'un syndic provisoire, *official assignee, depo-
sitario*, puis d'un syndic définitif, *creditors' assignee,
sindico*. Là, en outre, réglementation détaillée, presque
jusqu'à l'excès, de toutes les moindres opérations, de
façon à ne rien laisser à l'arbitraire des intéressés.

Quoique on puisse dire que dans les *insolvency laws* et
dans le *concurso* espagnol, l'assimilation est à peu près
complète entre les non commerçants et les commerçants,
cependant il est un point sur lequel l'assimilation peut
être contestée, la loi ne s'en expliquant pas. C'est précisément le même point sur lequel, en droit français, nous
avons dit qu'il pourrait aussi exister quelque doute : je
veux parler de ce qui a trait à la déchéance du bénéfice
du terme. Ni la *ley de enjuiciamiento*, ni les *insolvency
laws*, aujourd'hui abrogées, n'en parlent ; tandis qu'elle
se trouve formellement consignée dans le Code de commerce espagnol (art. 1043), et dans les *bankruptcy laws*
anglaises (statut 12 et 13 Victoria, ch. 106, section 177).

Il est encore deux autres points, mais dans la législation espagnole seulement, où nous trouvons, comme en
France, une différence entre la situation du commerçant
et celle du non commerçant. C'est, d'abord, ce qui a
trait aux relations des époux entre eux ; la législation
du *concurso* n'a, là-dessus, aucune disposition particu-
culière, tandis que, dans la *quiebra*, nous trouvons,
d'une part, dans l'art. 1114, 1° et 2° du Code de commerce espagnol, lequel correspond aux art. 559 à 563

du Code français, une restriction sur le mode par lequel la femme du failli devra prouver la consistance des biens qu'elle revendique ; et, d'autre part, dans l'art. 1041, 2° du même Code espagnol, lequel correspond aux art. 563 et 564 du Code français, une disposition rescisoire des avantages faits par un époux commerçant à l'autre dans les six mois qui auront précédé la *quiebra*. — En droit anglais, au contraire, on sait que les *marriage settlements* sont absolument inattaquables, même en cas de *bankruptcy*, pourvu qu'ils aient été faits à un moment où le débiteur était solvable ; toutefois, en ce qui concerne la preuve, elle ne peut, en pareil cas, être faite que par acte authentique établissant la consistance des biens revendiqués par la femme ; cette rigueur n'existait pas dans les *insolvency laws*, elle était particulière aux *bankruptcy laws;* mais, nous le répétons, quant au fond du droit, les conventions matrimoniales n'ont jamais été viciées, par une insolvabilité survenant postérieurement, qu'il s'agit ou non de commerçants, et ce principe, protecteur de la famille, est même journellement l'objet des critiques les plus acerbes de la part du commerce anglais. — Un second point sur lequel il existe, dans le droit espagnol, une différence entre commerçants et non commerçants, c'est ce qui concerne les rescisions d'actes faits au préjudice de la masse. Nous avons vu qu'en droit anglais les *insolvency laws* prononçaient les mêmes rescisions que les *bankruptcy laws;* il n'en est pas de même de la *ley de enjuiciamiento ;* nous n'y avons rien trouvé de semblable, et cependant le Code de commerce espagnol donne à la faillite des commerçants de puissants effets rétroactifs. — Ces deux points constituent incontestablement une double anomalie, mais une anomalie de nature à faire réfléchir le législateur qui voudrait entreprendre la réforme du droit français en cette matière ; peut-être ces nullités de plein droit, introduites dans les lois de la faillite à des époques d'indignation, peut-être ces nullités rigoureuses qui ne sont, après tout, que des présomptions de fraude, c'est-à-dire quelque chose de fort peu juridique, sont-elles bien dures pour les faillis et devraient-elles être remplacées par de simples nullités laissées à l'appréciation de la justice ! Aussi se pourrait-il bien que la manière la plus équitable de supprimer l'anomalie que nous signalons, serait-elle, non pas de les étendre de la faillite à la déconfiture, mais de les retrancher de l'une et de l'autre.

Un embarras pareil pourrait se présenter, le jour où il s'agirait d'organiser, dans le droit français, la faillite des non commerçants, en ce qui touche, d'une part, les incapacités politiques et professionnelles résultant de la faillite, et, d'autre part, la faculté donnée aux syndics de s'assurer de la personne du failli. Sur ce dernier point, nous n'hésitons pas à croire que ce ne serait pas une rigueur à supprimer, si rigueur il y a, mais une rigueur à étendre, bien au contraire, aux non commerçants insolvables : nous avons dit pourquoi plus haut ; ce n'est pas une voie d'exécution, c'est une mesure d'instruction ; et nous persistons à croire qu'il n'y a rien d'attentatoire à la liberté humaine dans la faculté, donnée au juge, de faire enfermer ou garder à vue le débiteur, lorsqu'il y a tout lieu de croire qu'il se dispose à se cacher, peut-être même à quitter le pays. Cette faculté existe dans le Code de commerce espagnol ; il n'en est pas parlé, au contraire, dans la *ley de enjuiciamiento*

Quant à la loi anglaise, elle l'a toujours admise, aussi bien dans les *insolvency laws* que dans les *bankruptcy laws*. — Sur l'autre question, celle des incapacités, il pourrait y avoir controverse quant à l'opportunité même de ces incapacités, au moins dans une infinité de cas ; c'est là un point de droit constitutionnel que nous n'avons pas à débattre ; mais, une fois admis le principe, nous nous trouvons en présence d'une question de droit civil, celle de savoir s'il y a lieu d'établir à cet égard une distinction quelconque entre commerçants et non commerçants : eh bien, là il est évident qu'il n'y a pas seulement même raison de décider, mais qu'il y a un puissant *à fortiori* pour établir une assimilation complète ; si trop souvent pour le commerçant la ruine n'est que le résultat du malheur, c'est, au contraire, dans la plupart des cas, pour le non commerçant, la juste punition de son inconduite !

Voilà le détail des réformes qu'il y aurait à faire, pour substituer au système incomplet et vague de la déconfiture du Code Napoléon, quelque chose de bien arrêté, de bien défini, pour créer, en un mot, cette organisation, qui devrait exister et qui n'existe pas en droit français : la faillite des non commerçants.

Pour arriver à ce résultat, peu importe le procédé qu'on mettra en œuvre ; on est libre de choisir entre les divers exemples, offerts par les pays voisins : l'important, l'urgent même, si la France tient à conserver le rang qu'elle a si longtemps occupé dans la science de la législation, c'est qu'en cette matière comme en tant d'autres une réforme soit faite, et une réforme des plus radicales !

Paris. — Imp. Alcan-Lévy, boul. de Clichy, 62.

Contraste insuffisant

NF Z 43-120-14

www.ingramcontent.com/pod-product-compliance
Lightning Source LLC
Chambersburg PA
CBHW061256060726
47596CB00002B/615